鋼構造建築溶接部の超音波探傷
検査規準・同解説

１９７３制定
２０１８改定（第５次）

Standard for the Ultrasonic Inspection
of Weld Defects in Steel Structures

日本建築学会

本書のご利用にあたって
本書は，作成時点での最新の学術的知見をもとに，技術者の判断に資する標準的な考え方や技術の可能性を示したものであり，法令等の根拠を示すものではありません．ご利用に際しては，本書が最新版であることをご確認ください．なお，本会は，本書に起因する損害に対して一切の責任を負いません．

ご案内
本書の著作権・出版権は(一社)日本建築学会にあります．本書より著書・論文等への引用・転載にあたっては必ず本会の許諾を得てください．
Ⓡ〈学術著作権協会委託出版物〉
本書の無断複写は，著作権法上での例外を除き禁じられています．本書を複写される場合は，(一社)学術著作権協会（03-3475-5618）の許諾を受けてください．

一般社団法人　日本建築学会

第5次改定版にあたって

「鋼構造建築溶接部の超音波探傷検査規準・同解説」の第4次改定版が出版されてから10年が経過した．この間の調査・研究によって蓄積された新たな技術的知見や関連JIS規格等の改正を反映させるために，ここに改定版を刊行することになった．

主な改定内容は次のとおりである．

① 最新の関連JIS規格であるJIS Z 3060：2015「鋼溶接部の超音波探傷試験方法」との整合を図った．建築鉄骨の超音波探傷検査の実務の実状に照らして同JIS規格に準拠しがたい点については，その旨を述べるようにした．

② 7章「合否判定」の「7.2.1 疲労を考慮しない溶接部」に，詳細な補足「溶接欠陥位置の影響」を加えた．これは，溶接欠陥の位置が鋼部材の塑性変形能力に及ぼす影響についての近年の実験研究の成果をまとめたものである．溶接欠陥の寸法だけでなく，その位置を考慮したより合理的な合否判定基準を将来に設定する可能性を考えるための一助とされたい．

③ 第4次改定版にて新たに設けられた付則2「固形エンドタブを用いた梁端フランジ溶接始終端部の超音波探傷検査方法」において，第4次改定版における欠陥評価高さを直接的に用いる手法でなく，一般的な探傷方法でも同付則を適用できるように，本改定版では合否判定方法・基準を改めた．

以上の他にも新たな記述や図表を加えるなどして，利用者の超音波探傷技術に対する理解が深まるように努めた．

鋼構造建築の安全性確保のために本規準が適切に使用されることを望むとともに，本規準に対する会員諸氏の建設的な意見と助言を本会に寄せられたい．

2018年12月

日本建築学会

初 版 序

　鋼構造建築物に対する溶接工法の普及は近年著しいものがある．溶接の内部欠陥の検査には，従来，主として放射線透過試験が用いられていたが，一般に建築構造の形状は放射線透過試験に適しておらず，とくに現場溶接においては機器の可搬性，作業環境などからみて，その適用は著しく困難である．超音波探傷法はこれらの欠点を補いうるものであるが，最近，探傷器および探触子の性能が向上し，溶接部の検査に実用できることが明らかになったので，現在までに得られた研究成果・実施経験および内外の関係規格を参考にしてこの規準を作成した．

　溶接接合部の形状・規模に応じた探傷の方法，探傷像と欠陥の種類との対応，欠陥の種類・大小の接合部強度に及ぼす影響については，目下各方面で鋭意研究が進められている段階であり，必ずしも決定的な結論をうるには至っていないが，一方，建物の建設は急速かつ大量に進む情勢にあるので，これに対処するため，現段階の知見にもとづいて作成されたのが本規準である．したがって，当小委員会としては上記諸問題に対する研究成果がまとまり次第，時機を逸せず改定を加えてゆく方針である．

　現在の超音波探傷器の欠点は記録性に乏しいことである．したがって，合否の判定内容は検査技術者の良心と技術に依存するところが大きい．この意味においても，他から影響を受けない独立した検査技術者の組織の確立が望まれる．

　鋼構造建築の安全性，合理的な施工法確立のため，本規準に対する会員諸氏の建設的な意見を切望する次第である．

1973年4月

日 本 建 築 学 会

第1次改定版にあたって

「鋼構造建築溶接部の超音波探傷検査規準・同解説」を昭和48年に発刊し，我が国の建築構造の安全確保のための一助となることを念願して5年を経過した．幸いに，同規準は建築界はもちろん，関連する構造分野において盛んに利用されている．しかしながら，鋼構造建築が超高層から中・低層の範囲に拡大してきた現在においては，その内容を補足する必要があり，ここに改定版を発刊することとなった．

改定版の内容を簡単に述べれば次のとおりである．すなわち従来の規準は主として斜角一探触子法を規定したが，改定版ではこの方法のほかに垂直探傷法，二探触子を用いるタンデム探傷法などを加えている．また消耗ノズル式エレクトロスラグ溶接の超音波探傷についても記している．これらは，実用上超音波探傷が要求されているものであり，またこの5年間の探傷技術の進歩があって規準化することができたものである．

建築における鋼構造の溶接部は応力伝達上極めて重要な箇所である．したがって，この部分に対する非破壊検査法の確立は必要不可欠のものである．改定規準が実際に使用されることを望むとともに，各方面からの助言と要望を本会に寄せられたい．

1979年8月

日　本　建　築　学　会

第2次改定版にあたって

「鋼構造建築溶接部の超音波探傷検査規準・同解説」の第1次改定版が昭和54年に出版されてから10年間にわたり，同規準は鋼構造溶接部の非破壊検査に利用されてきた．しかし，近年，鋼構造建築は超高層，大スパン構造から中・低層までさらに多様化が進行し，第1次改定時に想定された以上の極厚鋼材や種々の製法の鋼材が使用されるようになり，同規準の内容を補足する必要が生じ，ここに改定版を発刊することになった．

主な改定内容は，斜角一探触子法に関して，①75 mm を超える極厚鋼材の溶接部の探傷方法に対する規定を整備した．②欠陥指示長さの測定方法をエコー高さが L 線を超える範囲の探触子の移動距離とする方法に絞った．③鉄骨非破壊検査小委員会で標準試験片と音速差を有する鋼材およびその溶接部の探傷方法に関する共同研究を行い，その成果に基づき付則を作成した．また，T 継手および角継手の部分溶込み溶接ののど厚寸法を点集束探触子を用いて測定する方法を解説に示すなど，最近の研究成果および関連 JIS 規格が改正されたことを反映させている．

鋼構造建築の安全性確保のため改定規準が適切に使用されることを望むとともに，改定規準に対する会員諸氏の建設的な助言と要望を本会に寄せられたい．

1989年3月

日 本 建 築 学 会

第3次改定版にあたって

「鋼構造建築溶接部の超音波探傷検査規準・同解説」の第2次改定版が1989年に出版されてから7年が経過した．その間，鋼構造建築は超高層，大架構構造から中低層まで多様化が進行し，また，使用される鋼材に関しても，建築構造用圧延鋼材（SN材）のJIS規格の制定，ならびに建築構造用TMCP鋼，建築構造用590 N/mm^{2}級高性能鋼および耐火鋼等の普及など多様化が進んでいる．さらに，1995年の兵庫県南部地震において鋼構造接合部に多数の地震被害が発生し，鋼構造溶接部の非破壊検査がますます重要となっている．これらの状況を考慮して，同規準の内容を補足する必要が生じ，ここに改定版を発刊することになった．

主な改定内容は，斜角一探触子法に関して，①本規準に規定するSV波を用いた探傷法では探傷不能領域となる溶接部にSH波を用いた探傷法を利用する方法を解説した．また，裏当て金付T継手のルート部における溶接金属の垂れ込みと溶込み不良の判別方法として，SH波を用いる日本非破壊検査協会の指針を引用した．②角形鋼管柱のコーナー溶接部の探傷を日本非破壊検査協会の指針を用いて行えることを解説した．③STBとの音速差のある鋼材の調査結果に基づき，耐火鋼のSTB音速比の測定法を解説した．④斜角一探触子法または垂直探傷法で溶接に伴う母材部の欠陥の探傷手順を詳しく解説に示した．以上のほか，JIS Z 3060などの関連JIS規格が改正されたことを反映した．

上記のように，今回の改定内容は技術的に研究途上のものが多く，解説の改定にとどめざるを得なかった．これらの技術的完成度の向上を図るためには，各方面の改定内容の積極的な適用と今後の研究を期待したい．

鋼構造建築の安全性確保のため，改定規準が適切に使用されることを望むとともに，会員諸氏が改定規準に対する建設的な意見と助言を本会に寄せられることを要望する．

1996年10月

日 本 建 築 学 会

第4次改定版にあたって

「鋼構造建築溶接部の超音波探傷検査規準・同解説」の第3次改定版が1996年に出版されてから12年が経過した．この間の調査・研究によって蓄積された新たな技術的知見や関連JIS規格等の改定を超音波探傷検査に反映させるために，ここに改定版を発刊することになった．

主な改定点は次のとおりである．

① 適用板厚をJIS Z 3060と同様に板厚6mm以上とした．これは，薄い板厚の溶接部の探傷には技量が必要であることから，これまで適用板厚の下限を9mmとしていたが，最近の探傷技術の向上と多数の実績ができたことによる．

② 角形鋼管柱角溶接部を適用範囲に含めることを本文に明記した．

③ 斜角一探触子として公称屈折角70度を標準としてきたが，65度を併記した．これは，探傷条件によっては，公称屈折角65度の方が有利な点を持つことによる．

④ タンデム探傷法について，これまで詳細な記述をしてきたが，その内容がJISに反映されたことと現在では狭開先溶接を行うことが少なくなってきたため，記述を最小限に留めた．

⑤ 検査の記録形式の例をよりわかりやすいものに書き換えた．

⑥ 付則2として，「固形エンドタブを用いた梁端フランジ溶接始終端部の超音波探傷検査方法」を新たに設けた．これは，大地震時において塑性化する梁端のフランジ溶接部を対象として，固形エンドタブ工法に生ずる溶接初層の始終端における溶込み不良を検出し，溶接品質の確保を図るためのものである．ただし，改定規準の発刊時点では，この探傷方法に習熟した検査技術者は限られており，実務に適用された実績も少ない．したがって，関係者間で事前に十分協議した上で適用されたい．

以上の他にも新たな図表を付け加え，読者の超音波探傷技術に対する理解が深まるように努めるとともに，関連JIS規格との整合性を図った．

建築構造の安全性に対する国民の関心は高くなってきている．鋼構造建築の溶接接合部の品質を確保する上で，本規準の果たす役割は非常に大きい．改定規準が適切に使用されることを望むとともに，会員諸氏は改定規準に対する建設的な意見と助言を本会に寄せられたい．

2008年3月

日　本　建　築　学　会

規準作成関係委員 (2018年12月現在)

―――（五十音・敬称略）―――

材料施工委員会

委員長	早川 光敬	
幹　事	橘 高義典　黒岩 秀介　輿石 直幸　山田 人司	
委　員	（略）	

鉄骨工事運営委員会

主　査	田中 剛
幹　事	犬伏 昭　桑原 進　山田 丈富
委　員	新井 聡　五十嵐 規矩夫　一戸 康生　加賀美 安男
	上平 綱昭　小林 秀雄　嶋 徹　宋 勇勲
	高浦 弘至　高野 昭市　田中 宏明　西山 功
	原田 幸博　松下 眞治　松本 由香　的場 耕
	三村 麻里　護 雅典　森岡 研三　横田 和伸
	横田 泰之

鉄骨超音波検査小委員会

主　査	原田 幸博
幹　事	三村 麻里
委　員	笠原 基弘　（上平 綱昭）　坂本 眞一　（佐藤 文俊）
	嶋 徹　高田 好秀　高野 昭市　中込 忠男
	中野 達也　服部 和徳　廣重 隆明　古舘 岳実
	堀 望智大　山本 弘嗣　横田 和伸

（　）内は元委員

鋼構造建築溶接部の超音波探傷検査規準・同解説

目　　　次

		本文ページ	解説ページ
1章　総　　則			
1.1	適 用 範 囲	1	19
1.2	一 般 事 項	1	25
1.3	用　　語	1	25
1.4	探 傷 方 法	2	26
1.5	検 査 技 術 者	2	32
2章　探傷装置および付属品			
2.1	総　　則	2	34
2.2	探触子に必要な性能	2	35
2.3	接 触 媒 質	4	48
2.4	標準試験片および対比試験片	4	52
3章　探傷の準備			
3.1	予 備 調 査	5	58
3.2	探傷面の手入れ	5	58
3.3	溶接部表面の手入れ	5	60
4章　斜角探傷法			
4.1	斜角一探触子法	6	61
4.2	タンデム探傷法	10	87
5章　垂直探傷法			
5.1	適 用 範 囲	11	88
5.2	溶接部の内部欠陥の検出	11	89
5.3	箱形断面内に設けるダイアフラムのエレクトロスラグ溶接部の溶込み幅の測定	13	95
6章　欠陥の評価			
6.1	一 般 事 項	15	100
6.2	合否判定の対象とする欠陥	15	100

6.3　欠陥評価長さ …………………………………………………………………… 15…101

　　6.4　欠陥評価長さの境界値 ………………………………………………………… 16…102

7章　合否の判定

　　7.1　単位溶接線 ……………………………………………………………………… 16…103

　　7.2　単位溶接線の合否 ……………………………………………………………… 16…103

8章　記　　　録 ……………………………………………………………………… 18…112

付　　則

　　付則1　STBとの音速差のある鋼材を用いた鋼構造建築溶接部の超音波探傷試験方法 …… 126

　　付則2　固形エンドタブを用いた梁端フランジ溶接始終端部の超音波探傷検査方法 ……… 143

付　　録

　　付1. ……………………………………………………………………………………（欠番）

　　付2.　日本非破壊検査協会規格　NDIS 2432：2018 角形鋼管溶接角部の超音波探傷試験方法
　　　　……………………………………………………………………………………… 157

　　付3.　日本非破壊検査協会規格　NDIS 2433：2018 裏当て金付完全溶込み溶接T継手のルート部からのエコー判別方法 ……………………………………………………… 162

　　付4.　探傷感度の調整にA2形系標準試験片を用いた鋼管円周継手の超音波探傷試験法に関する指針（2013改定）……………………………………………………………… 170

鋼構造建築溶接部の
超音波探傷検査規準

鋼構造建築溶接部の超音波探傷検査規準

1章 総　　則

1.1 適用範囲

　本規準は，炭素鋼からなる鋼構造部材の完全溶込み溶接接合部（以下，溶接部という）を超音波探傷試験によって検査する場合に適用する．ただし，板厚 6 mm 未満のもの，直径が 100 mm 未満の円周継手（角形鋼管溶接角部を除く），鋼管長手継手および分岐継手には原則として適用しない．

　超音波探傷試験方法は，手動のパルス反射法で直接接触法による．

　ただし，特別な調査研究によりその信頼性が確認された超音波探傷法による場合は，この規準によらなくてよい．

1.2 一般事項

1.2.1 本規準は，溶接部に存在する欠陥の超音波探傷試験方法および合否判定を示す．

1.2.2 超音波探傷検査の範囲および判定結果の処置は，当事者間において構造物の規模，溶接部の有する構造耐力上の重要度などを考慮して定める．

1.2.3 超音波探傷試験方法に関する事項で，本規準に規定する以外の事項は，JIS Z 3060（鋼溶接部の超音波探傷試験方法）による．

1.3 用　語

　本規準に使用される超音波探傷用語は，次に定義されたもの以外は JIS Z 2300（非破壊試験用語）および JIS Z 3060 に規定されたものによる．

（1）　ARB：本規準の 2.4.2（2）で規定する対比試験片

（2）　全溶込み幅：箱形断面内に取り付けたダイアフラムのエレクトロスラグ溶接においてスキンプレートへ溶け込んだ幅〔図 1 参照〕

（3）　溶接予定線：箱形断面内に取り付けるダイアフラムの上端と下端の位置をスキンプレートの外側にマークした線〔図 1 参照〕

（4）　許容欠陥：合否判定基準で規定された境界値未満の欠陥

（5）　不合格欠陥：合否判定基準で規定された境界値以上の欠陥

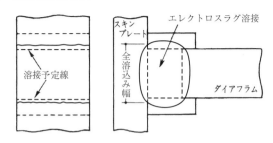

図1 箱形断面内のダイアフラム溶接部の溶込み幅

1.4 探傷方法

板厚・継手形状・開先形状および溶接方法を考慮し，原則として下記に示す方法による．

（1） 平板状溶接部の一般溶接部は，斜角一探触子法による．

（2） 鋼管溶接部の円周継手および遠心力鋳鋼管溶接部は，斜角一探触子法による．

（3） 箱形断面内のエレクトロスラグ溶接部は，垂直一探触子法による．

（4） 斜角一探触子法の適用が困難なT継手や突合せ継手は，垂直探傷法またはタンデム探傷法による．

1.5 検査技術者

検査技術者は，超音波探傷法に関する一般的な知識・技量のほか，鋼構造建築溶接部およびその超音波探傷法の特質について十分な知識・技量および経験を有する者とする．

2章 探傷装置および付属品

2.1 総則

本章に規定する以外の事項は，JIS Z 3060 および JIS Z 2352（超音波探傷装置の性能測定方法）による．

2.2 探触子に必要な性能

2.2.1 斜角探触子

（1） 屈折角

公称 45°，65° または 70° のいずれかとする．STB 屈折角は，使用環境下において，公称屈折角の ±2° 以内とする．

（2） 周波数および振動子の寸法

周波数および振動子の公称寸法は，表1に示すとおりとする．

表1 斜角探触子の周波数および振動子の公称寸法

公称周波数 (MHz)	振動子の公称寸法(mm)	
	高さ	幅
2	14 20	14 20
3	10 14	10 14
5	5 10	5 10

（3） 不感帯

使用する探傷器と組み合わせたとき，JIS Z 2350（超音波探触子の性能判別方法）の 8.3.7（不感帯）によって測定し，表2に示す値以下とする．ただし，タンデム探傷法に使用する探触子は，この限りではない．

表2 斜角探触子の不感帯

公称周波数 (MHz)	振動子の公称高さ寸法(mm)			
	5	10	14	20
2	—	—	25	15
3	—	25	15	—
5	10	10	—	—

（4） 接近限界長さ

接近限界長さは，表3に示す値以内とする．

表3 接近限界長さ

振動子の公称高さ寸法 (mm)	接近限界長さ (mm)
5	8
10	15
14	20
20	25

（5） 分解能

使用する探傷器と組み合わせたとき，JIS Z 2352 の 6.4（斜角探傷における分解能）によって測定し，表4に示す値以下とする．

表4 斜角探触子の分解能

公称周波数(MHz)	分解能(mm)
2	9
3	7
5	5

2.2.2 垂直探触子

（1） 周波数および振動子の寸法

円形の振動子とし，その公称寸法は表5に示すとおりとする．

表5 垂直探触子の周波数および公称寸法

公称周波数(MHz)	振動子の公称寸法(mm)
2	20, 28 または 30
5	10 または 20

（2） 分解能

使用する探傷器と組み合わせたとき，JIS Z 2352 の 6.3.3（分解能測定方法 A（RB-RA 形対比試験片））によって測定し，表6に示す値以下とする．

表6 垂直探触子の分解能

公称周波数(MHz)	分解能(mm)
2	9
5	6

（3） 不感帯

不感帯は，使用する探傷感度で送信パルスまたは表面エコーの立ち上がりの点から，その後，縁の高さが最後に20％となる点までの長さとし，鋼中距離で読み取る．不感帯の値は，表7に示す値以下とする．

表7 垂直探触子の不感帯

公称周波数(MHz)	不感帯(mm)
2	15
5	8

2.3 接触媒質

原則として，グリセリンペーストまたは濃度75％以上のグリセリン水溶液を使用する．なお，必要に応じて適正な感度補正を行う場合は，この限りではない．

2.4 標準試験片および対比試験片

2.4.1 標準試験片

JIS Z 2345（超音波探傷試験用標準試験片）に規定する A1 形 STB，A2 形系 STB および A3 形系 STB を使用する．

2.4.2 対比試験片

（1） 対比試験片の種類

被検材の形状・寸法など，または探傷方法により ARB，JIS Z 3060 に規定する RB-A6 あるいは RB-42 のいずれかを用いる．

（2） ARB 試験片

ARB の形状および寸法は図 2 に示すもので，被検材と同じ材料で製作するか，またはその被検材と超音波特性の近似した材料で製作するものとする．また，標準穴と仕上げ面との平行度は 0.3 mm 以下とし，仕上げ面の平行度はそれぞれ 0.1 mm 以下とする．

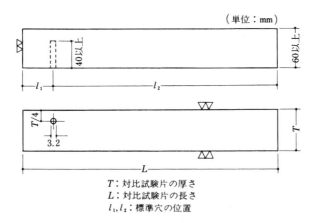

［注］（1） T は被検材の厚さまたは 75 mm とする．
　　　（2） T が被検材の厚さと等しい場合には，表面粗さは被検材のままとする．
　　　（3） L および l_1，l_2 は被検材の厚さまたは使用するビーム路程を考慮して定める．
　　　　　 l_1 は垂直探傷で使用する場合は最大ビーム路程とする．

図 2　対比試験片 ARB

3 章　探傷の準備

3.1　予備調査

検査技術者は，探傷作業開始前に探傷に必要な事項を確認しておくものとする．

3.2　探傷面の手入れ

探傷面に，スパッタ，浮いたスケールおよび超音波の伝搬を妨げるさびなどが存在する場合には，これらを除去する．また探傷面が粗い場合には，適切な方法で仕上げを行う．なお，塗料またはめっきなどで表面を処理する場合には，処理前に探傷することを原則とする．

3.3　溶接部表面の手入れ

余盛の形状が検査結果の解釈に支障をきたす場合には，それを適切に仕上げる．

4章　斜角探傷法

4.1　斜角一探触子法
4.1.1　適用範囲
　　探傷面が平板状の継手の溶接部および直径（外径）が 100 mm 以上の鋼管の円周継手溶接部を，探傷する場合に適用する．なお，超音波特性が A1 形 STB，A2 形系 STB または A3 形系 STB と異なるか不確かな被検材の溶接部を探傷する場合には，付則 1 に示す探傷方法を適用する．また，固形エンドタブを用いた梁端フランジ溶接始終端部を探傷する場合には，付則 2 に示す探傷方法を適用することができる．

4.1.2　周波数の選定
　　板厚に応じ表 8 に規定する公称周波数を適用する．ただし，板厚が 20 mm を超える遠心力鋳鋼管を探傷する場合には 2 MHz を使用する．

表 8　公称周波数

母材の板厚(mm)	公称周波数(MHz)
40 以下	5
40 を超え 75 以下	2 または 5
75 を超える	2

4.1.3　屈折角および測定範囲の選定
　　探傷の対象となる部分の板厚・開先形状およびビードの形状を考慮して選定する．
（1）　公称屈折角は 70° または 65° を用いることを標準とする．ただし，板厚が 75 mm を超える場合には 65° を標準とする．
　　　なお，標準として用いた探触子で走査範囲不足のため探傷不能領域が発生する場合は，45° の探触子を併用するか，振動子寸法 5×5 mm または 5×10 mm の探触子を使用するなどして，探傷不能領域をできるだけ小さくする．
（2）　走査は探触子を溶接部にもっとも近接して置ける位置から 1 スキップ距離の範囲で行う．ただし，板厚が 40 mm を超え，かつ両面から探傷する場合には，0.5 スキップ距離の範囲で行ってもよい．

4.1.4　装置の調整
　　測定範囲が 250 mm 以下の場合は，A1 形 STB または A3 形系 STB のいずれかを使用し，250 mm を超える場合は A1 形 STB を使用する．
　　振動子の公称寸法が 14×14 mm の場合は A1 形 STB または STB-A32，20×20 mm の場合は A1 形 STB を使用する．
（1）　入射点位置の特定
　　　入射点は 1 mm 単位で読み取る．

（2） 時間軸の調整および原点の修正

選定した測定範囲に±1％の精度で時間軸を調整し，かつ原点を修正する．

（3） 屈折角の測定

STB屈折角は，0.5°の単位で読み取る．

4.1.5 エコー高さ区分線の作成および探傷感度の調整に用いる試験片の選定

エコー高さ区分線の作成および探傷感度の調整に使用する試験片は，表9に示すとおりとする．

表9 エコー高さ区分線の作成および探傷感度の調整に用いる試験片

検査対象 板厚(mm)	平板状継手および外径500 mm を超える鋼管の円周継手	外径100 mm以上500 mm以下 の鋼管の円周継手
75以下	A2形系STB, A3形系STB	RB-A6またはA2形系STB*
75を超えるもの	ARB, RB-41A, またはRB-41B	RB-42

［注］ ＊A2形系STBを使用する場合は，付4による．

4.1.6 距離振幅特性曲線によるエコー高さ区分線の作成

（1） 欠陥を評価するために，エコー高さ区分線を作成する．エコー高さ区分線は距離振幅特性曲線により，4.1.5に定めた試験片を用いて作成する．

（2） エコー高さ区分線は，原則として実際に使用する探傷器と探触子の組合せにより，エコー高さ区分線作成の機能を利用して作成する．

（3） A2形系STBまたはRB-A6を使用する場合には，φ4×4 mmの標準穴を用いてエコー高さ区分線を作成する．ARB, RB-41A, RB-41BまたはRB-42を使用する場合には，それぞれの標準穴を用いてエコー高さ区分線を作成する．

（4） エコー高さ区分線の作成にあたっては，図3に例示する位置に順次探触子を置き，それぞれのエコー高さのピークを探傷器に記憶させるなどして，エコー高さ区分線作成の機能を利用して作成する．

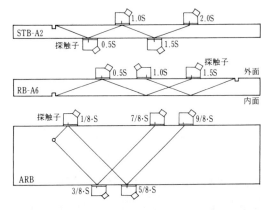

図3 エコー高さ区分線作成のための探触子位置

（5） 一定の感度におけるプロット点を直線で結び，1つのエコー高さ区分線とする〔図4参

照］．このとき，最短ビーム路程のプロット点より左はその高さで線を延長する．ただし，A2形系STBまたはRB-A6を用いる場合で，公称屈折角が45°の探触子を用いる場合には，最短ビーム路程のプロット点は1スキップとする．

（6） 表示画面部には，4本以上のエコー高さ区分線を表示させる．隣接する区分線の感度差は6dBとする．

4.1.7 U線・H線・M線およびL線

4.1.6で作成したエコー高さ区分線のうち，目的に応じて，少なくとも下位から3番目以上の線を選びこれをH線とし，これを感度調整基準線とする．H線は，原則として，欠陥エコーの評価に用いられるビーム路程の範囲で，その高さが40％以下にならない線とする．

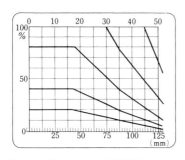
（a） 5M10×10A70，測定範囲125 mm，STB-A2による

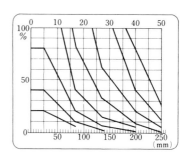
（b） 5M10×10A45，測定範囲250 mm，ARB（$T=80$ mm）による

図4　エコー高さ区分線の作成例

H線から6dB高いエコー高さ区分線をU線，H線から6dB低いエコー高さ区分線をM線，12dB低いエコー高さ区分線をL線とする．

4.1.8 エコー高さの領域

U線・H線・M線およびL線で区切られたエコー高さの領域を表10に示すように名付ける．

表10　エコー高さの領域区分

エコー高さの範囲	エコー高さの領域
L線以下	Ⅰ
L線を超えM線以下	Ⅱ
M線を超えH線以下	Ⅲ
H線を超えU線以下	Ⅳ
U線を超えるもの	Ⅴ

4.1.9 探傷感度

探傷感度は，使用する標準試験片または対比試験片と探触子の公称屈折角に応じて，下記により調整する．なお，使用する試験片に比べて被検材の表面が粗い場合および減衰が著しい場合には，探傷感度を補正する．

（1） A2形系STB，A3形系STBまたはRB-A6による場合

φ4×4mm の標準穴を探傷してそのエコー高さを，公称屈折角 70°の探触子は H 線に，公称屈折角 65°の探触子は M 線に，公称屈折角 45°の探触子の場合は U 線に，それぞれ合うようにゲイン調整し探傷感度とする．

（2） ARB，RB-41A，RB-41B または RB-42 による場合

標準穴を探傷して，そのエコー高さを U 線に合うようにゲイン調整し探傷感度とする．

4.1.10 探傷面

（1） 突合せ継手の探傷

図 5 に示すように片面両側から探傷することを原則とする．

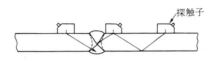

図 5　突合せ継手の探傷

（2） T 継手および角継手の探傷

図 6 に示すように両面片側または片面片側から探傷する．

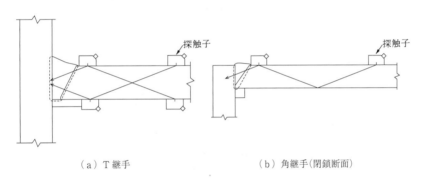

（a）T 継手　　　　　　　　　（b）角継手（閉鎖断面）

図 6　T 継手および角継手の探傷

4.1.11 予備探傷

（1） 感度の調整

4.1.9 に規定した探傷感度またはそれ以上の感度にゲイン調整する．

（2） 走査方法および探傷面

ジグザグ走査・左右走査および前後走査，横方形走査・縦方形走査のいずれかの走査方法を用い，4.1.10 に規定した探傷面から探傷する．

（3） 異常部の検出

L 線を超えるエコーを検出する．

（4） 異常部の判定

異常部の最大エコーを示す位置に探触子を置き，探触子の位置，探触子の向き，ビーム路程，エコーの分離，溶接部の状況などから，異常部が欠陥かどうかを判定する．

4.1.12 規定探傷

（1） 対象箇所

予備探傷において欠陥と判定された箇所を対象とする．

（2） 感度の調整

4.1.9 に規定した探傷感度にゲイン調整する．

（3） エコー高さの領域

最大エコー高さを示す位置および方向に探触子を置き，その最大エコー高さがどの領域にあるかを読み取る．

（4） 評価の対象とする欠陥

最大エコー高さがL線を超える欠陥を評価の対象とする．

（5） 欠陥指示長さの測定

（a） 走査方法

最大エコー高さを示す探触子溶接部距離において，溶接線が直線の場合は左右走査，曲線の場合は溶接線の曲率中心を回転中心とする振り子走査を行う．この場合，いずれも若干の前後走査を行うが，首振り走査は行わない．

（b） 測定方法

エコー高さがL線を超える範囲の探触子の移動距離を欠陥指示長さとする．欠陥指示長さの測定単位は1mm単位とする．

なお，欠陥が被検材の端付近に存在する場合で，探触子の側面が被検材の端に一致する位置においても欠陥からのエコー高さがL線を超える場合には，原則として被検材の端を欠陥の端とする．

（6） 欠陥位置の表示

欠陥の長さ方向の位置は，欠陥指示長さの起点で示し，溶接線と直角方向および深さ方向の位置は，最大エコー高さを示す位置で表示する．

4.2 タンデム探傷法

4.2.1 適用範囲

タンデム探傷法は，狭開先溶接部の開先面の融合不良および溶込不良を探傷する場合に適用する．また，探傷はタンデム基準線を基に，探傷治具を使用して1探傷断面ごとに行う．

4.2.2 一般事項

タンデム探傷法に関する事項で，この規準に規定する以外の事項は，JIS Z 3060 による．

（1） タンデム参照線

探傷を実施する溶接部の探傷面上には，溶接に先立ち開先面から一定の距離にタンデム参照線をマークする．

（2） タンデム探傷不能領域および溶接金属内の探傷方法

タンデム探傷不能領域および溶接金属内は，斜角一探触子法により探傷を行う．

5章　垂直探傷法

5.1　適用範囲

垂直探傷法は，斜角探傷法の適用が困難な溶接部の欠陥検出およびエレクトロスラグ溶接で施工された箱形断面内のダイアフラム溶接部の溶込み幅の測定に適用する．

5.2　溶接部の内部欠陥の検出

5.2.1　溶接予定線

検査を実施する溶接部の探傷面上には，溶接に先立ち溶接予定線をマークする．

5.2.2　測定範囲の選定

使用する最大ビーム路程に応じた測定範囲とする．

5.2.3　探触子の選定

公称周波数は 5 MHz で，振動子の公称直径は 20 mm のものを原則とする．なお，板厚が 60 mm を超える場合には，周波数が 2 MHz，振動子の直径が 28 mm または 30 mm のものを使用することができる．

5.2.4　時間軸の調整および原点の修正

使用する探触子で A1 形 STB，A3 形系 STB，または ARB などを用いて測定範囲を ±1 % の精度で調整し，かつ原点を修正する．

5.2.5　距離振幅特性曲線によるエコー高さ区分線の作成

（1）　欠陥を評価するために，エコー高さ区分線を作成する．エコー高さ区分線は距離振幅特性曲線により，ARB を用いて作成する．

（2）　エコー高さ区分線は，原則として実際に使用する探触子を用いて作成する．

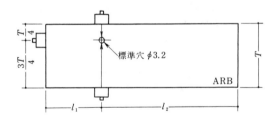

図7　エコー高さ区分線作成のための探触子位置

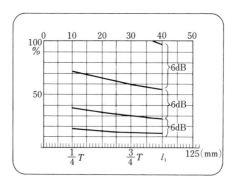

図 8　エコー高さ区分線の作成例

（3）　エコー高さ区分線の作成にあたっては，図 7 に示す位置に順次探触子を置き，それぞれのエコー高さのピークをプロットする．

（4）　一定の感度におけるプロット点を直線で結び，1 つのエコー高さ区分線とする〔図 8 参照〕．

（5）　エコー高さ区分線の作成に必要な距離振幅特性曲線は，4 本以上とする．隣接する区分線の感度差は 6 dB とする．

5.2.6　U 線・H 線・M 線および L 線

エコー高さ区分線のうち，少なくとも下位から 3 番目以上の線を選びこれを H 線とし，これを感度調整基準線とする．H 線は，原則として，欠陥エコーの評価に用いられるビーム路程の範囲で，その高さが 40 ％以下にならない線とする．

H 線より 6 dB 高いエコー高さ区分線を U 線，H 線から 6 dB 低いエコー高さ区分線を M 線，12 dB 低いエコー高さ区分線を L 線とする．

5.2.7　エコー高さの領域

U 線・H 線・M 線および L 線で区切られたエコー高さの領域を表 11 に示すように名付ける．

表 11　エコー高さの領域区分

エコー高さの範囲	エコー高さの領域
L 線以下	Ⅰ
L 線を超え M 線以下	Ⅱ
M 線を超え H 線以下	Ⅲ
H 線を超え U 線以下	Ⅳ
U 線を超えるもの	Ⅴ

5.2.8　探傷感度

ARB の標準穴のエコー高さが H 線に合うようにゲイン調整し，これを探傷感度とする．

5.2.9　予備探傷

（1）　感度の調整

5.2.8 に規定した探傷感度またはそれ以上のゲインに調整する．

（2） 探傷方向および探傷範囲

T継手は，図9に示す方向から探傷し，溶接部全体が探傷できる範囲とする．

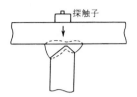

図9　T継手の探傷方向

（3） 異常部の検出

L線を超えるエコーを検出する．

（4） 異常部の判定

異常部の最大エコーを示す位置に探触子を置き，探触子の位置，ビーム路程，溶接部の状況などから，異常部が欠陥かどうかを判定する．

5.2.10　規定探傷

（1） 対象箇所

予備探傷において欠陥と判定された箇所を対象とする．

（2） 感度の調整

5.2.8に規定した探傷感度にゲイン調整する．

（3） エコー高さの測定

最大エコー高さを示す位置に探触子を置き，その最大エコー高さの領域をエコー高さ区分線により定める．

（4） 評価の対象とする欠陥

最大エコー高さがL線を超える欠陥を評価の対象とする．

（5） 欠陥指示長さの測定

最大エコー高さを示す位置を中心としてその周囲を走査し，エコー高さがL線を超える探触子の移動範囲を求め，その長径を1mm単位で測定し，欠陥指示長さとする．

（6） 欠陥位置の表示

欠陥位置は，最大エコー高さを示す探触子位置およびビーム路程により表示する．

5.3　箱形断面内に設けるダイアフラムのエレクトロスラグ溶接部の溶込み幅の測定

5.3.1　測定範囲の選定

使用する最大ビーム路程に応じた測定範囲とする．

5.3.2　探触子の選定

使用する探触子は周波数5MHz，公称直径10mmとする．

5.3.3　時間軸の調整および原点の修正

5.2.4による．

5.3.4　探傷感度

被検材の健全部の第1回底面エコー高さを80％とし，これを探傷感度とする．

5.3.5 探傷位置

図10に示すように溶込み幅をねらい，スキンプレート側より探傷する．

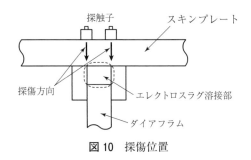

図10 探傷位置

5.3.6 走査方法

探触子を被検材表面の溶接線上を移動させるものとし，溶込み幅の境界点を求める場合には，溶接の始終端部を含む溶接線の始終端から100 mmに分割した位置で溶接線と直角に走査するものとする．なお，分割した端数は溶接線の中央部で処理する．ここでいう測定の始終端とは，図11に示すものとする．

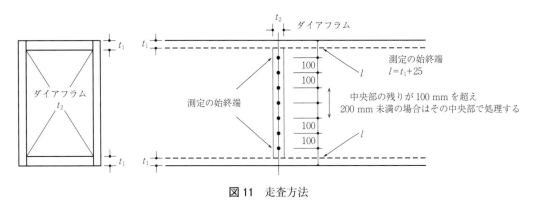

図11 走査方法

5.3.7 溶込み幅の境界点の測定

5.3.6の走査において，底面エコー高さが40％になる探触子の中心位置を溶接部の溶込み幅の境界点とする．

5.3.8 溶込み指示幅

5.3.7で測定した溶込み幅の境界点間の距離を全溶込み指示幅とする．また，溶接予定線と測定した溶込み幅の境界点との距離を片側溶込み指示幅とする．溶込み指示幅の測定単位は1 mmとする．

5.3.9 欠陥指示長さの測定

欠陥指示長さは，全溶込み指示幅が不足する場合と片側溶込み指示幅の境界点が溶接予定線よりずれた場合に分けて測定する．欠陥指示長さの測定単位は1 mmとする．

（1） 全溶込み指示幅の不足する場合

　　5.3.6 の走査において，全溶込み指示幅がダイアフラムの板厚より小さい溶接線方向の範囲を求め，これを欠陥指示長さとする．

（2） 溶込み幅の境界点がずれた場合

　　5.3.7 の溶込み幅の境界点が，溶接予定線の内側へ 3 mm を超えてずれた溶接線方向の範囲を求め，これを欠陥指示長さとする．

5.3.10　エコー高さの領域

欠陥評価のためのエコー高さの領域はⅣとする．

5.3.11　欠陥位置の表示

欠陥の長さ方向の位置は，欠陥指示長さの起点で示す．

6章　欠陥の評価

6.1　一般事項

6.1.1　斜角一探触子法とタンデム探傷法を併用した場合，欠陥の評価は探傷法別に行う．

6.1.2　斜角一探触子法で公称屈折角 70°と 45°または 65°と 45°を併用し，同一欠陥を両探触子で検出した場合は，公称屈折角 70°または 65°の探傷結果を採用して欠陥の評価を行う．

6.1.3　斜角一探触子法で公称屈折角 70°と 65°，または公称周波数 5 MHz または 2 MHz で同一欠陥を検出し，欠陥評価が異なる場合には，エコー高さが高い方の探傷結果を採用して欠陥の評価を行う．

6.1.4　垂直探傷法の欠陥評価は下記（1）または（2）で別々に行う．

（1） 溶接部の内部欠陥

（2） 箱形断面内に設けるダイアフラムのエレクトロスラグ溶接部の溶込み幅

6.2　合否判定の対象とする欠陥

合否判定の対象とする欠陥は，欠陥指示長さが被検材の板厚 t に応じて，表 12 に示す値以上の欠陥とする．ただし，板厚が異なる突合せ継手の場合は，被検材の板厚は薄いほうの板厚とする．

表 12　欠陥指示長さの最小値（単位：mm）

板　厚	欠陥指示長さ
6 以上　20 以下	5
20 を超え 48 以下	$t/4$
48 を超えるもの	12

6.3　欠陥評価長さ

同一断面内の欠陥群で深さ方向の位置が同一と見なされ，かつ欠陥と欠陥の間隔が長いほうの欠陥指示長さ以下の場合は，同一欠陥群と見なし，その欠陥評価長さは，それらの欠陥の欠陥指

示長さと間隔の和とする.

また,欠陥と欠陥の間隔が長いほうの欠陥指示長さを超える場合は,それぞれ独立した欠陥と見なし,その欠陥評価長さはそれぞれの欠陥指示長さとする.

なお,欠陥群が応力に対して同一断面内であるか,また,深さ方向位置が同一であるかは,表12に示す値に応じて,おのおのの欠陥の欠陥エコーが最大エコー高さを示す位置との相対関係により定める.

6.4 欠陥評価長さの境界値

突き合わせる被検材の板厚 t に応じて,欠陥評価長さの境界値 S,M,ML,L および LL は表13に示す値とする.

表13 欠陥評価長さの境界値　　（単位：mm）

板厚	S	M	ML	L	LL
6以上　20以下	10	15	20	30	40
20を超え48以下	$t/2$	$3\cdot t/4$	t	$3\cdot t/2$	$2\cdot t$
48を超えるもの	24	36	48	72	96

7章　合否の判定

7.1 単位溶接線

溶接線長さが 300 mm 以上の場合は,欠陥が最も密となるような連続した長さ 300 mm を,溶接線長さが 300 mm 未満の場合は全長を,それぞれ単位溶接線とする.溶接部の合否は,単位溶接線の合否に基づいて判定する.

7.2 単位溶接線の合否

単位溶接線の合否は,溶接部に作用する応力の種類に応じて,欠陥評価長さおよびエコー高さの領域を用いて判定する.ただし,単位溶接線に複数の欠陥が存在する場合は,欠陥評価長さの総和も考慮して合否の判定を行う.なお,それぞれの欠陥でエコー高さの領域が相違する場合は,そのうちもっとも高いエコー高さの領域を採用する.

7.2.1 疲労を考慮しない溶接部

下記の（1）または（2）により単位溶接線の合否を判定する.

（1）溶接部に引張応力が作用する場合

欠陥のエコー高さの領域に応じて,欠陥評価長さあるいはその総和が,表14に示す境界値以上ある単位溶接線は不合格とする.

表 14 疲労を考慮しない溶接部（溶接部に引張応力が作用する場合）

エコー高さの領域		欠陥評価長さ	欠陥評価長さの総和
斜角一探触子法または垂直探傷法	タンデム探傷法		
Ⅱ	Ⅱ	L	LL
Ⅲ，Ⅳ	Ⅲ	ML	L
Ⅴ	Ⅳ	M	ML

（2） 溶接部に引張応力が作用しない場合

　　欠陥のエコー高さの領域に応じて，欠陥評価長さあるいはその総和が，表 15 に示す境界値以上ある単位溶接線は不合格とする．

表 15 疲労を考慮しない溶接部（溶接部に引張応力が作用しない場合）

エコー高さの領域		欠陥評価長さ	欠陥評価長さの総和
斜角一探触子法または垂直探傷法	タンデム探傷法		
Ⅱ	Ⅱ	LL	規定なし
Ⅲ，Ⅳ	Ⅲ	L	LL
Ⅴ	Ⅳ	ML	L

7.2.2 疲労を考慮して表面仕上げされた溶接部

　欠陥を表面に近い欠陥と内部の欠陥とに分類し，それぞれ下記（1）または（2）により単位溶接線の合否を判定する．ここで表面に近い欠陥とは，欠陥の深さ方向の位置と板厚表面との間隔が板厚の 1/4 未満の欠陥をいい，内部の欠陥とは，欠陥の深さ方向の位置と板厚表面との間隔が板厚の 1/4 以上の欠陥をいう．

（1） 表面に近い欠陥

　　欠陥指示長さが表 12 に示す最小値以上の欠陥指示長さを含む単位溶接線は不合格とする．

（2） 内部の欠陥

　　欠陥のエコー高さの領域に応じて，欠陥評価長さが表 16 に示す境界値以上ある単位溶接線は不合格とする．

表 16 疲労を考慮して表面仕上げされた溶接部

エコー高さの領域		欠陥評価長さ
斜角一探触子法または垂直探傷法	タンデム探傷法	
Ⅱ	Ⅱ	ML
Ⅲ，Ⅳ	Ⅲ	M
Ⅴ	Ⅳ	S

8章 記　　録

検査を行った後，次の事項を記録し，その記録と当該溶接部とが照合できるようにしておかなければならない．

（1）　工事名
（2）　施工または製作工場名
（3）　検査年月日
（4）　検査技術者名・報告書承認者名および資格
（5）　探傷方法
（6）　探傷条件　　　　適用規格，合否判定基準，被検材の材質，検査範囲，使用した標準試験片または対比試験片，距離振幅特性曲線，探傷感度，感度補正量，探傷面の状態および仕上げ方法，接触媒質，検査時期，STBと被検材との温度差の有無
（7）　探傷器　　　　　探傷器名，製造番号，点検年月日，増幅直線性，時間軸直線性，点検者名
（8）　探触子　　　　　種類，製造社名，製造番号，表示形式，不感帯，STB屈折角，SN比
（9）　検査結果　　　　ロットNo.，ロットの大きさ，抜取回数，サンプルの数，抜取率，不合格数，合格率，ロットの合否，検査位置
（10）　検査結果一覧表　検査結果，開先形状，板厚，溶接長，欠陥位置（X：溶接線方向の位置，Y：探触子溶接部距離，k：溶接線に直角方向の距離，W：ビーム路程，d：欠陥深さ），領域，欠陥指示長さ(L)，欠陥評価長さ(L_e)および総和，合否判定，探傷屈折角，検査日，STB音速比，補修後の再検査結果
（11）　その他　　　　　探傷治具の仕様，タンデム基準線の位置，エレクトロスラグ溶接溶込み幅，測定基準線の位置

鋼構造建築溶接部の超音波探傷検査規準・解説

鋼構造建築溶接部の超音波探傷
検査規準・解説

1章 総 則

1.1 適用範囲

> 本規準は，炭素鋼からなる鋼構造部材の完全溶込み溶接接合部（以下，溶接部という）を超音波探傷試験によって検査する場合に適用する．ただし，板厚6mm未満のもの，直径が100mm未満の円周継手（角形鋼管溶接角部を除く），鋼管長手継手および分岐継手には原則として適用しない．
> 　超音波探傷試験方法は，手動のパルス反射法で直接接触法による．
> 　ただし，特別な調査研究によりその信頼性が確認された超音波探傷法による場合は，この規準によらなくてよい．

　本規準で対象とする構造用鋼材の種類と溶接部の種類は，表1.1に示すとおりである．

　超音波探傷試験が適用される溶接部は，材料種別から見れば炭素鋼，ステンレス鋼，アルミニウム合金などが主なものであり，本規準では前者のフェライト系鋼を対象とした．後の二者には，超音波の減衰や林状エコーの発生などに特徴があり，本規準の適用対象外である．なお，建築構造に使用されるステンレス鋼の溶接部の探傷については，（一社）日本鋼構造協会の「ステンレス建築構造溶接部の超音波探傷検査基準」，またアルミニウム合金の溶接部の探傷については，アルミニウム建築構造協議会の「アルミニウム建築構造溶接部非破壊検査規準・同解説」に規定があるので，参照されたい．

　溶接部を超音波探傷試験によって全断面探傷しようとする場合，隅肉溶接や部分溶込み溶接では，図1.1の○印の部分の探傷が困難である．そのため，本規準では完全溶込み溶接部を検査の主な対象とした．超音波探傷試験の適用板厚の下限は，前回改定時にJIS Z 3060（鋼溶接部の超音波探傷試験方法）の適用範囲に合わせ6mmとした．しかし，6～9mmなどの薄板溶接部の探傷は，通常使用されている公称寸法10×10mmの振動子の斜角探触子を用いると探傷が困難な範囲が生じる場合もあるため，事前に関係者間で適用板厚および探傷方法などについて協議しておく必要がある．探傷方法として，振動子の公称高さ寸法5mmの探触子を用い接近限界長さを短くするなどが考えられる．

　完全溶込み溶接部の平板状溶接部においては，超音波特性が著しくA1形STBやA3形系STBと異なる「STBとの音速差のある鋼材を用いた溶接部」，溶接始終端に欠陥発生が懸念される「固形エンドタブを用いた梁端フランジ溶接始終端部」および「箱形断面柱に用いられるエレクトロスラグ溶接部」も適用対象とした．

表 1.1 対象とする構造用金属材料の種類と溶接部の種類

鋼種	溶接部の種類			適用規格 本規準	適用規格 JIS 他協会
炭素鋼	完全溶込み溶接部	平板状溶接部	一般の溶接部 突合せ継手・T継手など	●	(●)[1]
			一般の溶接部 STBとの音速差のある鋼材	●	
			一般の溶接部 固形エンドタブ溶接部	●	
			エレクトロスラグ溶接部	●	
		鋼管溶接部	円周継手 円形鋼管部	●	●
			円周継手 角形鋼管角部	●	●
			長手継手		●
			分岐継手		●
			遠心力鋳鋼管	●	
	部分溶込み溶接部			△	△
	隅肉溶接部			×	×
ステンレス鋼				△	●
アルミニウム合金				×	●

● : 適用可　△ : 一部適用可　× : 適用不可
1) : T継手のうち，狭開先溶接部などにはJIS規格を適用．

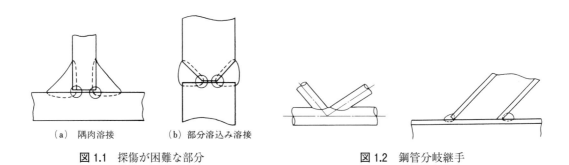

図 1.1 探傷が困難な部分　　図 1.2 鋼管分岐継手

　鋼管の分岐継手は，一般に一つの溶接線中に隅肉溶接から完全溶込み溶接まで含まれるうえ，探傷面の曲率が複雑で，斜角の幾何学も単純ではなく，高度な探傷技術を要するので適用を除外した〔図1.2 参照〕．

　鋼管の円周継手の探傷は，これまで直径300 mm以上を適用範囲とし，直径300 mm未満の鋼管の円周継手の探傷は，JIS Z 3060の附属書C「円周継手溶接部の斜角探傷方法」によるとよいとしていた．一方，直径500 mm以下の場合，エコー高さ区分線の作成および探傷調整には，RB-A6やRB-42の試験片を用いるが，その試験片の製作が困難なこと，加工精度が不十分なことによる試験結果のばらつきも懸念されていた．そこで，(一社)CIW検査業協会ではA2形系

標準試験片を用いて実験等を実施し，付4に示す鋼管円周継手の斜角探傷を行う指針を提示している．適用範囲は直径 100～500 mm としており，本規準では 100 mm 以上を対象とした．

鋼管の長手継手溶接部の探傷方法は，JIS Z 3060 の附属書 D「長手継手溶接部の斜角探傷方法」に規定されているので，検査する場合にはそれによるとよい．

超音波探傷試験方法には，図1.3 に示すような方法があるが，現在，技術的に確立され世界中で使用されている方法はパルス反射式の直接接触法であるので，本規準もこの方法によった．

なお，本規準は手動探傷について規定したものであるが，自動探傷法についての使用を制限するものではない．

この場合，本規準を準用してもよいが，手動探傷と自動探傷とでは基本的に異なるところもあるので，まったく同一の検査内容を要求する必要はなく，全体として同等の検査ができるようにすればよい．

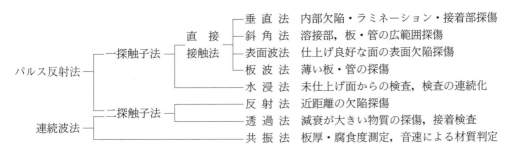

図1.3 超音波探傷試験方法の分類

本規準によった場合，探傷中に母材欠陥が，表示器上に表示される場合がある．しかし，本規準は溶接部の検査が目的であるので，母材欠陥の探傷方法については，他の規準類[1)～4)]によることを前提として，本規準では規定していない．しかし，溶接部の近傍に母材欠陥がある場合や母材欠陥が溶接部への超音波の通過を妨げる場合の母材欠陥の取扱いは，超音波探傷検査の運用上の重要な問題であるので，4.1.11「予備探傷（4）異常部の判定」および 5.2.9「予備探傷（4）異常部の判定」に解説することとした．

また，部分溶込み溶接では，のど厚寸法を確認することが重要な管理項目となる．

のど厚寸法の測定方法には，①集束垂直探触子による方法，②集束斜角探触子による方法，③垂直探触子による方法，④同時端部エコー法，さらに⑤フェーズドアレイ超音波探傷（以下，PAUT という）法による方法がある．

[注] 1) AWS D1.1：Structural Welding Code 3.2 Preparation of Base Metal.
2) JIS G 0801（圧力容器用鋼板の超音波探傷検査方法）
3) ASTM A 435：Straight-Beam Ultrasonic Examination of Steel Plates for Pressure Vessels.
4) JIS G 0901（建築用鋼板及び平鋼の超音波探傷試験による等級分類及び判定基準）

以下にその内容を紹介するが，溶込み先端部に割れや融合不良などがある場合には，溶込み先端位置をとらえられない場合もある．

また，溶込み深さの測定結果に疑義が生じた場合には，以下の①〜⑤に示す垂直探傷と斜角探傷を併用し評価するのがよい．

① 集束垂直探触子による方法

図 1.4 に示すように溶接部の反対面から集束垂直探触子による左右走査を行い，底面エコーの 6 dB ドロップ法による探触子の中心位置をのど厚の先端部分とすることができる．

しかし，メタルタッチ部の不溶着幅の寸法が，集束垂直探触子のビーム束より小さい場合には測定することができない．

図 1.5 は集束垂直探触子の 6 dB ドロップ法による T 継手の不溶着部の測定精度実験データ[5]である．不溶着幅が 10 mm 以下では 6 dB ドロップ法により精度良く評価できるが，10 mm 以上ではやや過小評価となっている．なお，不溶着幅が 5〜10 mm の範囲では 4〜6 dB ドロップ法が，10 mm 以上では 7〜10 dB ドロップ法により評価すれば精度良く評価できる．

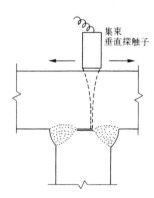

図 1.4 T 継手における K 形開先部分溶込み溶接部

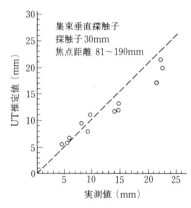

図 1.5 6 dB ドロップ法による不溶着幅の測定精度

② 集束斜角探触子による方法

図 1.6 に示すように溶接部の反対面から集束斜角探触子による探傷を行い，ルート先端部分からのエコーを検出して，のど厚を算出することができる．

図 1.7 は屈折角 45°，図 1.8 は屈折角 70°の集束斜角探触子によるのど厚（不溶着幅）の測定精度の実験データである．両探触子とも，のど厚寸法を実測値に比べてやや大きめ（不溶着幅では小さめ）に推定している．なお，集束斜角探触子による場合は，溶込み形状によっては先端位置をとらえられない場合もある．

[注] 5) 内田三男，常木康弘，大嶋正昭，永見憲二：極厚鋼材溶接部の超音波探傷検査方法に関する検討，日本建築学会大会学術講演梗概集，pp.1049-1050，1987.10

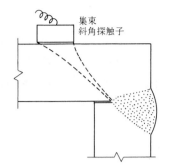

図 1.6　部分溶込みレ形開先角継手溶接部

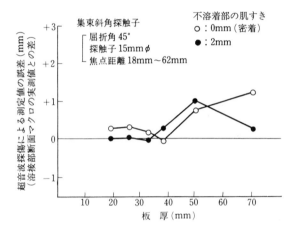

図 1.7　端部エコー法によるのど厚寸法測定精度（屈折角 45°）

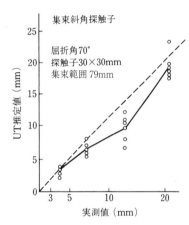

図 1.8　端部エコー法による不溶着幅の測定精度（屈折角 70°）

③　垂直探触子による方法

　垂直探触子（周波数 5 MHz，振動子直径 10 mm）による方法は，不溶着部の寸法が超音波ビーム束寸法の 1/2 以下の場合，不溶着部の寸法測定精度が低下するため使用できない．特に高い測定精度を必要としない場合には，集束垂直探触子に比べ探傷能率のよい垂直探触子が一般によく用いられている．

④　同時端部エコー法による方法

　部分溶込み溶接部の溶込み深さ（不溶着幅）の上端と下端から得られるエコーのビーム路程差から高さを求めることができる方法[6]で，図 1.9 に示すように板厚 12～40 mm における精度は ±2 mm 程度である．

⑤　PAUT 法による方法

　PAUT 法は，従来の超音波探傷技術をさらに発展させたもので，1 つのプローブ内に組み

[注]　6）　日本鋼構造協会：建築鉄骨梁端溶接部の超音波探傷検査指針，資料編 3.3.9，2008.1

込んだ多数の振動子を電子的に走査して任意の方向へビームを伝搬させることができる．

なお，複数のビーム構成要素を合成してエコーの伝搬状況を扇状に二次元表示するので，設定された範囲での反射源の分布状態について情報が得られる〔図1.10〕．また，溶接前の開先形状や板厚がわかれば，それをあらかじめ探傷器の画面上に作図しPAUT画像と重ねて表示することで，被検材に置いたプローブ位置と溶接部や反射源位置との関係がイメージしやすくなる．

また，静止させた探傷画面上でカーソル機能を用いることで，同時に得られた反射源の上下端からの画像同士の距離を算出することもできるので，欠陥の寸法測定精度を向上させる期待がもてる．

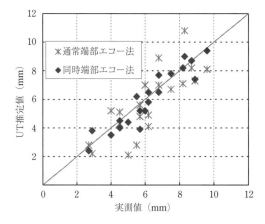

図1.9　同時端部エコー法による不溶着幅の測定精度

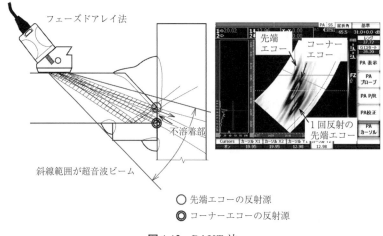

図1.10　PAUT法

1.2 一般事項

1.2.1 本規準は，溶接部に存在する欠陥の超音波探傷試験方法および合否判定を示す．

1.2.2 超音波探傷検査の範囲および判定結果の処置は，当事者間において構造物の規模，溶接部の有する構造耐力上の重要度などを考慮して定める．

1.2.3 超音波探傷試験方法に関する事項で，本規準に規定する以外の事項は，JIS Z 3060（鋼溶接部の超音波探傷試験方法）による．

1.2.1 本規準は試験方法と合否判定について定めたものであり，本規準の本文および解説の一部あるいは全部をどのように実際の工事に適用するかは，特記仕様書あるいは検査要領書などに記述されるべきである．

1.2.2 検査範囲や数量などは契約事項であり，本規準の範囲外である．

また，本規準の合否判定とその溶接線を含む継手，あるいは構造物全体の安全性との関係および不合格部の処置方法などは，個々の事情によって異なるので，本規準では定めていない．補修するか補強するかあるいはそのままにするかは，構造設計者を含んだ関係者間で定める必要がある．

検査技術者は仕様書などに定めのない限り，不合格部の処置について指示すべきではない．設計者や工事監理者から相談された場合に助言することは差し支えない．

1.3 用語

本規準に使用される超音波探傷用語は，次に定義されたもの以外は JIS Z 2300（非破壊試験用語）および JIS Z 3060 に規定されたものによる．

（1） ARB：本規準の 2.4.2（2）で規定する対比試験片
（2） 全溶込み幅：箱形断面内に取り付けたダイアフラムのエレクトロスラグ溶接においてスキンプレートへ溶け込んだ幅〔図 1 参照〕
（3） 溶接予定線：箱形断面内に取り付けるダイアフラムの上端と下端の位置をスキンプレートの外側にマークした線〔図 1 参照〕
（4） 許容欠陥：合否判定基準で規定された境界値未満の欠陥
（5） 不合格欠陥：合否判定基準で規定された境界値以上の欠陥

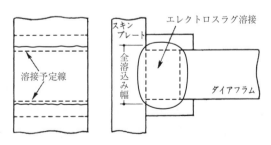

図 1 箱形断面内のダイアフラム溶接部の溶込み幅

本会編「建築工事標準仕様書 JASS6 鉄骨工事」および本規準で従来から使用している用語と，非破壊検査および溶接分野で使用している用語が異なる場合があるので留意されたい．具体

的には，以下の二点である．

(1) JIS Z 2300（非破壊試験用語）では，非破壊試験の結果から判断される不完全部または不連続部をきずと定義し，規格，仕様書などで規定された判定基準を超えて不合格となるきずを欠陥と定義している．溶接の分野では一般にこのような区別をしていないため，きずではなく欠陥と表記している．

(2) 本会編「建築工事標準仕様書 JASS6 鉄骨工事」では，受入検査のロット判定は合格・不合格，個々の判定には適合・不適合を使用しているが，本規準ではすべて合格・不合格としている．これは本規準では単位溶接線の判定を規定しているが，ロットの判定は規定していないため使い分ける必要がないこと，非破壊検査の分野においては適合・不適合という用語が通常使用されていないことなどから，個々の単位溶接線の判定についても合格・不合格と表記している．

1.4 探傷方法

> 板厚・継手形状・開先形状および溶接方法を考慮し，原則として下記に示す方法による．
> (1) 平板状溶接部の一般溶接部は，斜角一探触子法による．
> (2) 鋼管溶接部の円周継手および遠心力鋳鋼管溶接部は，斜角一探触子法による．
> (3) 箱形断面内のエレクトロスラグ溶接部は，垂直一探触子法による．
> (4) 斜角一探触子法の適用が困難なT継手や突合せ継手は，垂直探傷法またはタンデム探傷法による．

本規準で対象とする溶接部の種類と探傷方法は，表1.2に示すとおりである．

建築鉄骨では，図1.11に示す突合せ継手やT継手が多く使用されている．このような溶接部の探傷法として，割れ・溶込不良などの有害な欠陥を容易に検出できる斜角一探触子法を採用した．

ただし，伝搬速度や減衰などの超音波特性が標準試験片のそれと著しく異なる被検材（本規準では，STBとの音速差のある鋼材というが，一般には音響異方性材ともいう）の溶接部を探傷する場合は付則1を適用する．また，溶接始終端部に欠陥発生が懸念される固形エンドタブを用いた溶接部を探傷する場合は溶接部への要求性能を考慮して，付則2を選択できることとした．

平板状溶接部と同様に鋼管溶接部も斜角一探触子法によることを基本としている．ただし，角形鋼管角部は曲率が極端に小さくなるために，通常の斜角一探触子法が適用できないことから，本溶接部の探傷は，付2.に示す(一社)日本非破壊検査協会規格によることとした．また，遠心力鋳鋼管の場合は，鋳造肌の凹凸のため，そのままでは探傷の際に著しい伝達損失が生じ，適正な探傷作業が困難となる．しかし，この凹凸を $100\,\mu mRz$ 程度の表面粗さに仕上げた場合には表面粗さの問題が低減されることから，本規準を適用することが可能であるとした．なお，表面および内面の $6t$ （t は板厚）以上の範囲を鉄骨製作工場において $100\,\mu mRz$ 程度以下に仕上げるのは一般には困難であることから，探傷面および反射面の仕上げは，鋳鋼管の製造工場で行うのがよい．

表 1.2 対象とする溶接部の種類と探傷方法

溶接部の種類			適用規格		斜角探傷法			垂直探傷法
			本規準	JIS 他協会	一探触子法		二探触子法	一探触子法
					SV 波法	SH 波法	タンデム法	
完全溶込み溶接部	平板状溶接部	一般の溶接部	突合せ継手・T 継手など	●	(●)[1]	○	(○)	(○)	(○)
			STB との音速差のある鋼材	●		○	(○)		
			固形エンドタブ溶接部	●		○			
		エレクトロスラグ溶接部		●					○
	鋼管溶接部	円周継手	円形鋼管部	●	●	○			
			角形鋼管角部	●	●	○			
		長手継手			●	○			
		分岐継手			●	○			
		遠心力鋳鋼管		●		○			
部分溶込み溶接部				△	△				
隅肉溶接部				×	×				

●:適用可　△:一部適用可　×:適用不可
○:主として適用．(○):SV 波法などが適用困難な場合や特別な目的に適用．
1):T 継手のうち,狭開先溶接部などには JIS 規格を適用．

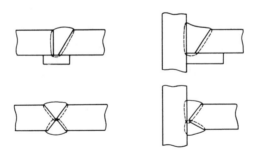

図 1.11 突合せ継手・T 継手

　建築鉄骨溶接部の大半は斜角一探触子法によって品質が確認されているが,継手形状や付属金物類などの制約から十分な検査ができない場合もある．
　十分な検査ができない事例には次のような場合があり,その対応は事前に打ち合わせておく必要がある．
（1）溶接線の直交方向に必要な走査範囲が確保できない
　　図 1.12 のように通しダイアフラムの間隔が狭い場合,ガセットプレートや付属金物類が走査の障害となる場合は走査範囲が不足し,溶接部断面の一部が探傷不能となる．角形鋼管

のように片面片側からの一回反射法の場合では，必要な走査範囲は $2 \times t \times \tan\theta +$ 溶接部の幅＋探触子の長さ（θ は屈折角）で，例えば屈折角 70° の場合約 $7t$ となる．

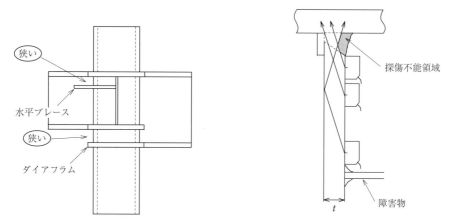

図 1.12 必要な走査範囲が確保できず探傷が困難となる溶接部

（2） 溶接線方向の一部が探傷できない

図 1.13 のようにエレクションピースや付属金物類の取付けにより溶接線方向の走査が妨げられ，溶接線の一部が探傷できなくなる．

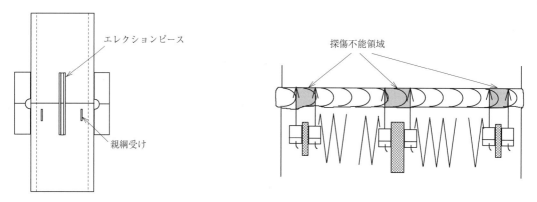

図 1.13 付属金物類が走査の障害となり探傷が困難となる溶接部

（3） 斜めに接合された溶接部

ブレースやセットバック部では，図 1.14 のように溶接部の板厚，形状，斜めの角度などによっては探傷不能領域が生じる．

また，図 1.15 のように柱に斜めに取り付く大梁フランジや拡幅された大梁フランジなどの溶接部は形状，斜めの角度などによっては探触子の走査範囲が不足し，探傷不能領域が生じる．図 1.15 のような場合の探傷不能領域を小さくする方法として，斜角探触子の屈折角を変更する，板厚が 16 mm 以上の場合はフランジ側面から探傷する，フランジ側面の反射を利用するといった方法が考えられる．いずれの方法についても，事前に打合せしておく必要がある．

また，ロール H 形鋼を梁材とした下フランジの工事現場溶接部では，斜角一探触子法（SV 波

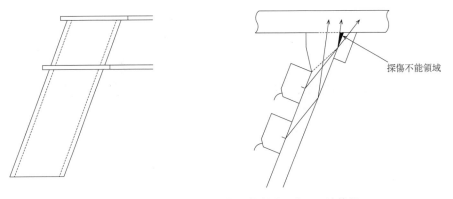

図 1.14 継手形状により探傷不能領域が生じる溶接部

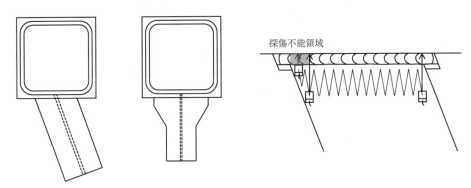

図 1.15 走査範囲が不足することにより探傷不能領域が生じる溶接部

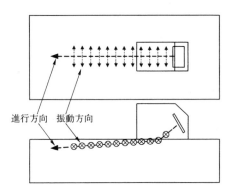

図 1.16 SH 波の伝搬

法）で用いる斜角探触子の走査線と梁ウェブが重なるため一部に探傷不能領域が生じ，ルート溶込み不良の検出や適正な欠陥評価が不可能となることがある．地震による鉄骨造の損傷事例からも本溶接部の重要性が指摘されていることから，本規準では，SV 波法の探傷不能領域を補完する探傷方法としての表面 SH 波〔図 1.16〕を用いた探傷法（表面 SH 波探傷法）を示すことにした．

表 1.3 は付 3.「NDIS 2433（裏当て金付完全溶込み溶接 T 継手のルート部からのエコー判別方法）」を修正した表面 SH 波探傷法の概要である．上記の課題を十分認識するとともに，以下に示すような事項に留意して適用されたい．

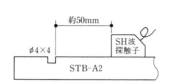

図 1.17 表面 SH 波探触子による探傷感度の調整方法例

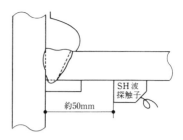

図 1.18 表面 SH 波探触子による探傷方法例

① 探触子は図1.17に示す探触子距離を約50 mmとした場合は5 MHzを，それ以上に長くするときやSN比が悪くなる場合は2 MHzの探触子を使用する．

② 横波専用の接触媒質は温度依存性が高く温度変化によって探傷感度が大きく変動するので，作業環境に適応した粘性の接触媒質を選定するとともに，同じ環境条件下で探傷感度の調整を行う．また接触媒質は可能な限り薄くかつ均一に塗布する．

③ エコー高さを安定させるためには適度の押付け力と保持時間が必要である．このため探触子の走査は押付け力を保持したまま左右にゆっくりと行う．

④ 合否判定は文献[7),8)]を参照するとともに溶接部の重要性等を考慮して決定する．

表1.3に示す探傷条件で実施した探傷実験では，エコー高さと溶込不良の関係は図1.19に示す

表 1.3 表面 SH 波探傷法の概要

項　目	内　容
探触子	5M5×5HA90，2M10×10HA90
接触媒質	高粘度の横波専用接触媒質
探傷感度	図1.17のように探触子を配置し，以下のように調整する． 9≦t<20；ϕ4×4 mm，50％＋ 6 dB 20≦t　　；ϕ4×4 mm，50％＋12 dB
探傷方法	図1.18のように探触子距離を一定とした左右走査により探傷する．
検出レベル	50％を超えるエコーを評価の対象とする．
欠陥指示長さ	検出レベルを超える探触子の移動範囲を測定する．

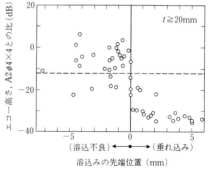

図 1.19 表面 SH 波探傷法によるエコー高さと溶込不良の関係

[注] 7) 笠原基弘，森田耕次，松崎博彦，池ケ谷靖：建築鉄骨溶接部の表面 SH 波探傷法に関する研究（その1：表面 SH 波の超音波特性），日本建築学会大会学術講演梗概集，pp.431-432，1996.9

8) 甲田輝久，森田耕次，森岡研三，笠原基弘，沼田瑞樹，柳原拓志：建築鉄骨溶接部の表面 SH 波探傷法に関する研究（その2：表面 SH 波法による現場適用例），日本建築学会大会学術講演梗概集，pp.433-434，1996.9

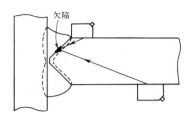

図 1.20　探傷面の選定

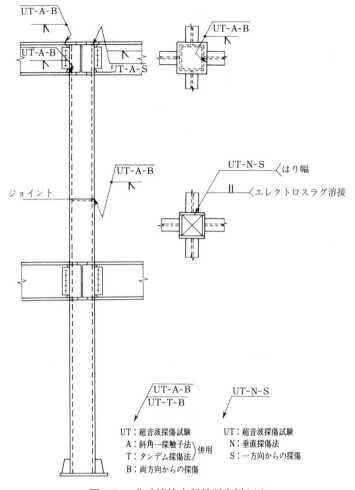

図 1.21　非破壊検査記号記入例（1）

ような結果が得られている．溶込不良はほぼ適正に検出されているといえる．

　狭開先溶接部では，開先面に沿って生じる融合不良などは，超音波が鏡面のような反射を起こし，斜角一探触子法では欠陥の検出に困難をきたすため，タンデム探傷法を採用した．

　探傷面の選定は，欠陥を正確に検出できる位置を選定しなければならない．一般に溶接の欠陥は不定形状なものが通常であり，表面が凹凸であったり傾いている場合が多い．したがって，少なくとも欠陥に対して超音波ビームが2方向から当たるように探傷面を選定することが望ましい〔図 1.20 参照〕．

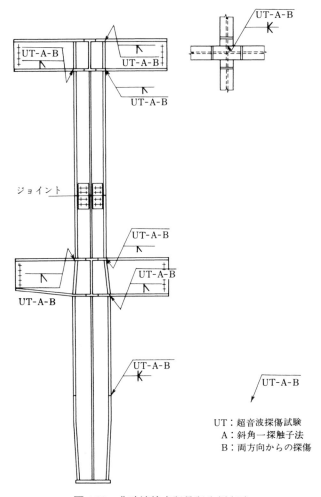

図 1.22 非破壊検査記号記入例（2）

　このようなことを考慮し，設計者または工事監理者は，検査の対象となる箇所を検討する際には，前述のようなことを考慮するとともに，溶接継手の形状に応じた適切な探傷方法を検査技術者と協議し，採用する必要がある．図 1.21，1.22 に検査記号の記入例を示す．なお，表示方法は，JIS Z 3021（溶接記号）による．

1.5　検査技術者

> 　検査技術者は，超音波探傷法に関する一般的な知識・技量のほか，鋼構造建築溶接部およびその超音波探傷法の特質について十分な知識・技量および経験を有する者とする．

　超音波探傷法に関する一般的な知識・技量とは，超音波探傷法に関する基礎的理論を理解するとともに，超音波探傷器を用いて基本的な探傷作業が行える知識・技量のことをいう．
　また，鋼構造建築溶接部およびその超音波探傷法の特質について十分な知識・技量とは，鉄骨構造に関する一般常識のほか，建築鉄骨溶接部特有の継手形状・開先形状・溶接方法・溶接条件

などとともに，発生しやすい溶接欠陥とその性質などに関する知識および建築鉄骨溶接部に対して，本規準に基づく，超音波探傷の適用の可否の判断，検査計画の立案，探傷作業の実施，検査結果の判定・報告書の作成を行うことのできる知識・技量のことをいう．なお，検査計画の立案のうち，抜取検査に関しては，本会編「建築工事標準仕様書JASS6 鉄骨工事」(10.4f「溶接部の内部欠陥検査」) および同「鉄骨工事技術指針　工場製作編」(8.1.5.c「溶接部の内部欠陥検査」) の内容を理解し，実際の検査に適用できることが必要である．

　このように本規準では，検査技術者に対して，超音波探傷法に関する基礎的かつ一般的知識・技量のほか建築鉄骨溶接部およびその超音波探傷法に関する十分な知識・技量を要求している．ISO (International Organization for Standardization) でも，検査技術者資格として基礎的かつ一般的知識・技量に対する試験 (General Examination) に基づく資格と特定の工業分野の専門的知識・技量に対する試験 (Specific Examination) に基づく資格の両方を必要とする考え方を指向している．前者の資格には，(一社)日本非破壊検査協会 (JSNDI) がJIS Z 2305 (非破壊試験技術者の資格及び認証) に基づいて認証している「レベル1，レベル2およびレベル3の超音波探傷試験技術者」があり，後者には，JSNDIのいずれかの資格を有し，かつ鉄骨溶接部の超音波探傷検査に1年以上従事した経験者を受験対象とした(一社)日本鋼構造協会・建築鉄骨品質管理機構が認定している「建築鉄骨超音波検査技術者」などがある．

2章 探傷装置および付属品

2.1 総則

> 本章に規定する以外の事項は，JIS Z 3060 および JIS Z 2352（超音波探傷装置の性能測定方法）による．

探傷器および探触子に必要な性能，点検方法および点検時期は，JIS Z 3060 および JIS Z 2352（超音波探傷装置の性能測定方法）によることとし，必要な項目についてのみ，この規準で新たに規定した．

探傷器，探触子の性能が変化すると探傷結果に重大な影響を与えることがあるので，表 2.1～2.3 に示す事項および項目について定期的に点検しなくてはならない．

探傷器および探触子については，点検の結果，規定した性能に満たない場合には，使用してはならない．点検および調整によって，条件が維持されない場合は，表 2.4～2.6 の処置を行う．

なお，装置の調整は JIS Z 3060 に従うほか，調整時と 10℃ 以上の温度差を生じた時には再度

表 2.1 探傷器に必要な性能および性能点検時期

項　目	必要な性能	点検時期
増幅直線性	±3 % 以内	購入時および点検を行った日の翌月 1 日から起算して 12 か月以内ごと．
時間軸直線性	±1 % 以内	
感度余裕値	40 dB 以上	

表 2.2 斜角探触子の性能点検時期

点検項目		点検時期
公称屈折角と STB 屈折角との差異 ビーム中心軸の偏り 接近限界長さ 分解能 不感帯		購入時および点検を行った日の翌月 1 日から起算して 12 か月以内ごと． ただし，補修を行った場合はその直後．
試験周波数	狭帯域	購入時
	広帯域	購入時および点検を行った日の翌月 1 日から起算して 12 か月以内ごと．

表 2.3 垂直探触子の性能点検時期

点検項目		点検時期
分解能		購入時および点検を行った日の翌月 1 日から起算して 12 か月以内ごと． ただし，補修を行った場合はその直後．
試験周波数	狭帯域	購入時
	広帯域	購入時および点検を行った日の翌月 1 日から起算して 12 か月以内ごと．

表 2.4　STB 屈折角が維持されていない場合の処置

変化の範囲	処置の内容
公称屈折角の ±2° 以内	再調整して作業を継続する
公称屈折角の ±2° を超えるもの	交換または補修を行い，直前の調整または点検以降に実施した試験を再試験する．

表 2.5　測定範囲が維持されていない場合の処置

変化の範囲	処置の内容
±2% 以内	再調整して作業を継続する
±2% を超えるもの	再調整し，直前の調整または点検以降に実施した試験を再試験する．

表 2.6　探傷感度が維持されていない場合の処置

変化の範囲	処置の内容
±4 dB 以内	再調整して作業を継続する
4 dB を超える低下	再調整し，直前の調整または点検以降に実施した試験を再試験する．
4 dB を超える増加	再調整し，直前の調整または点検以降に実施した試験で得られた指示部について再試験する．

行う．また探傷器，探触子はもとより，使用する標準試験片および対比試験片も探傷場所周囲の温度に十分なじませてから調整しなければならない．

2.2　探触子に必要な性能

2.2.1　斜角探触子
（1）屈折角

公称 45°，65° または 70° のいずれかとする．STB 屈折角は，使用環境下において，公称屈折角の ±2° 以内とする．

（2）周波数および振動子の寸法

周波数および振動子の公称寸法は，表 1 に示すとおりとする．

表 1　斜角探触子の周波数および振動子の公称寸法

| 公称周波数 (MHz) | 振動子の公称寸法(mm) ||
	高さ	幅
2	14	14
	20	20
3	10	10
	14	14
5	5	5
	10	10

（3） 不感帯

使用する探傷器と組み合わせたとき，JIS Z 2350（超音波探触子の性能判別方法）の 8.3.7（不感帯）によって測定し，表2に示す値以下とする．ただし，タンデム探傷法に使用する探触子は，この限りではない．

表2　斜角探触子の不感帯

公称周波数(MHz)	振動子の公称高さ寸法(mm)			
	5	10	14	20
2	—	—	25	15
3	—	25	15	—
5	10	10	—	—

（4） 接近限界長さ

接近限界長さは，表3に示す値以内とする．

表3　接近限界長さ

振動子の公称高さ寸法(mm)	接近限界長さ(mm)
5	8
10	15
14	20
20	25

（5） 分解能

使用する探傷器と組み合わせたとき，JIS Z 2352 の 6.4（斜角探傷における分解能）によって測定し，表4に示す値以下とする．

表4　斜角探触子の分解能

公称周波数(MHz)	分解能(mm)
2	9
3	7
5	5

2.2.2　垂直探触子

（1） 周波数および振動子の寸法

円形の振動子とし，その公称寸法は表5に示すとおりとする．

表5　垂直探触子の周波数および公称寸法

公称周波数(MHz)	振動子の公称寸法(mm)
2	20，28 または 30
5	10 または 20

(2) 分解能

使用する探傷器と組み合わせたとき，JIS Z 2352 の 6.3.3（分解能測定方法 A（RB-RA 形対比試験片））によって測定し，表 6 に示す値以下とする．

表6　垂直探触子の分解能

公称周波数(MHz)	分解能(mm)
2	9
5	6

(3) 不感帯

不感帯は，使用する探傷感度で送信パルスまたは表面エコーの立ち上がりの点から，その後，縁の高さが最後に 20％ となる点までの長さとし，鋼中距離で読み取る．不感帯の値は，表 7 に示す値以下とする．

表7　垂直探触子の不感帯

公称周波数(MHz)	不感帯(mm)
2	15
5	8

　探触子の性能を評価するとき，探触子の構造および振動子（圧電素子）の特性を十分に知っておくことが必要である．斜角および垂直探触子の構造を図 2.1 に，振動子の種類と主な特性を表 2.7 に示す．また，表 2.8 に探触子の表示方法の例を示す．

　探触子に印加される電気パルスのピーク電圧は，探傷器メーカ・機種により異なるが，デジタル探傷器の場合にはおおむね 100～400 V である．また，送信エネルギー切替つまみまたはパルス幅切替つまみによってもこのピーク電圧は異なる．このときのつまみの位置によってエコーの形状，分解能あるいは探触子との電気的整合が変化し，周波数が公称周波数と異なる原因にもなるので，探触子・探傷条件に適したつまみの位置を選定することが必要である．

2.2.1　斜角探触子

(1) 屈折角

(a) JIS Z 3060 などでは 45°，60°，65° ならびに 70° が使用されているが，屈折角の選定にあたっては，下記のことに注意が必要である．

　探傷に際して探傷面に垂直な反射源があると，図 2.2 において $\beta=33.2°$ 以下のとき，すなわち屈折角 $\theta=56.8°$ 以上のとき，波動の様式変換が起こり，図 2.3 に示すように横波は 100％ 反射されず，図 2.4 に示すように反射損失が生ずる．この場合の屈折角による横波反射率の比較を表 2.9 に示す．

　A2 形系 STB または A3 形系 STB で感度調整を行うとき，$\phi 4\times 4$ mm の縦穴をねらうためこの損失を受け，45° の場合に比べて 70° では 2 倍，65° では 4 倍，60° では 8 倍装置の感度を高くすることが必要となる．したがって，線状欠陥・球状欠陥の検出感度

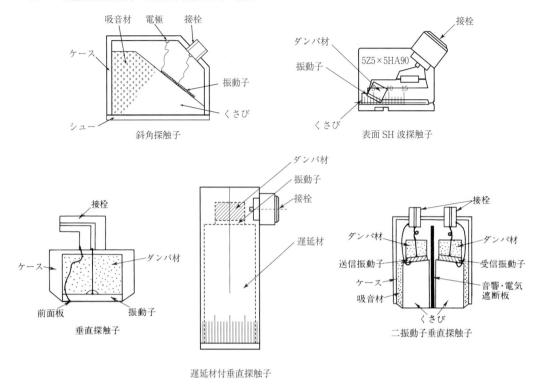

図 2.1 探触子の構造

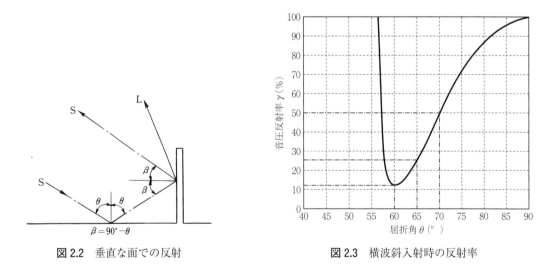

図 2.2 垂直な面での反射

図 2.3 横波斜入射時の反射率

は高められるが、ほかの角度のものと傾向が異なることになる。また、探傷面に垂直な平板状欠陥を探傷したとき、反射時に生ずる横波以外の様式の超音波や、欠陥における反射指向性の影響により、欠陥位置の推定精度が著しく低下することがある。また、ARB を用いて感度調整した場合には、逆に探傷面に垂直な平板状欠陥を探傷したとき反射損失を生じる。

表 2.7 振動子の種類と主な特性

種類	特性	用途
水晶	単結晶で温度，経年変化が少なく安定している．電気機械結合係数が小さいため，高電圧を掛ける必要があり，デジタル探傷器には不向きである．	標準試験片の検定用探触子
チタン酸ジルコン酸鉛	電気機械結合係数が大きい．	高感度探触子
ニオブ酸鉛	キューリー点が高い（約500℃）．機械的Qが大変低く，自己ダンピング性がある．	高温探触子（耐熱200℃程度）広帯域探触子
ニオブ酸リチウム	単結晶でキューリー点が高い（約1200℃）．	高温探触子（耐熱500℃程度）
チタン酸鉛	横方向に振動が励振されにくい．他の材料より音速が速いので，同周波数で比較すると厚みが厚くなる．	不感帯が小さい探触子 高周波数探触子（10～30 MHz）
コンポジット	圧電セラミックスを格子状にカットし，隙間に樹脂を充填した振動子で，音響インピーダンスが圧電セラミックスの数分の1と低い．音響インピーダンスが低いので直接接触型の垂直探触子には不向き．	高感度な広帯域探触子 水浸探触子 斜角などの遅延材付き探触子
ポリマー（高分子圧電材料）	電気機械結合係数は小さいが，薄膜のためフレキシブルで音響インピーダンスが低い．圧電セラミックスでは困難な高い周波数が製作可能．	20 MHz以上の広帯域水浸探触子

[注] 1) キューリー点：圧電性を失う臨界温度
2) 機械的Q：共振周波数の尖鋭度

表 2.8 探触子の表示方法の例

探触子の名称	公称周波数 (MHz)	帯域	振動子の材質	振動子寸法（mm）（直径または高さ×幅）	探傷方向	公称屈折角（°）
2Q20N	2	狭	水晶	φ20	垂直	—
5Z10×10A70	5	狭	チタン酸ジルコン酸鉛	10×10	斜角	70
3C14×14A60	3	狭	チタン酸鉛などの圧電磁器	14×14	斜角	60
5M5×10A65	5	狭	材質を特定しない場合	5×10	斜角	65
B2K20×20A45	2	広	コンポジット	20×20	斜角	45

表 2.9 コーナー反射時の横波反射率

屈折角	横波反射率	感度差
45°	100 %	0 dB
60°	13 %	−18 dB
65°	25 %	−12 dB
70°	50 %	−6 dB

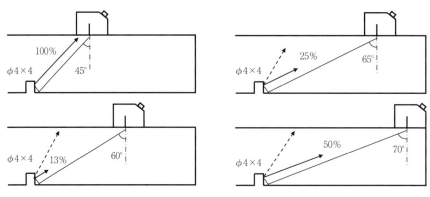

図 2.4　縦穴およびスリットにおける横波往復反復率

　以上のような理由により，付則 1 に示す STB との音速差のある鋼材を用いた鋼構造建築溶接部の超音波探傷の場合を除いて，公称屈折角 60° は使用しないこととした．

（b）　公称屈折角 70° の場合にも，同様に様式変換が起こり反射率は約 50 % となるが，60° の場合ほど不都合は生じない．ただし，探触子製造精度上から STB 屈折角において ±2° を許容しているため，屈折角 68° と 72° では図 2.3 から明らかなように，探傷面に垂直な欠陥の反射率は屈折角により変化し，屈折角 70° の場合に対して ∓1 dB 程度の感度差を生ずる．
　また，公称屈折角 45° または 65° の探触子にあっても同様に ±2° を許容しているため，傾きを有する平板状欠陥の場合には反射指向性の影響を受ける場合がある．エコー高さの領域に疑義を生じた場合には，STB 屈折角が公称屈折角と一致する 45.0°, 65.0° または 70.0° の探触子で評価することが望ましい．

（c）　斜角探触子では，振動子から発振された縦波がくさび中を通り，接触媒質を介して鋼材中に横波が伝搬する．この場合，探触子から発振された縦波が探傷面でモード変換して横波となり，その横波が鋼材中の反射源である欠陥で反射して横波で探触子に戻ってくることから，斜め入射時における音圧往復通過率を考慮する必要がある．
　図 2.5 は，アクリルのくさびと使用する屈折角における横波の音圧往復通過率を，計算・グラフ化したものである．
　屈折角が 45° 付近では最も音圧往復通過率は高いが，屈折角が大きくなるにつれて急激に横波の音圧往復通過率が低下する．特に，屈折角が 70° を超えると，音圧往復通過率が激減することによって探傷感度が急激に減少するため，探傷屈折角が 72° を超えるような探傷条件にならないように留意する必要がある．

（d）　鋼中の横波の音速は温度により変化する．一方，探触子を構成しているくさび材も，温度によって音速および減衰率が変化するため，結果として入射点，屈折角および感度が変化することとなる．図 2.6（a）は音速の温度依存性を，（b）は探触子の屈折角の温度依存性を，また，（c）は STB-A1 感度の温度依存性を示したものである．探触子

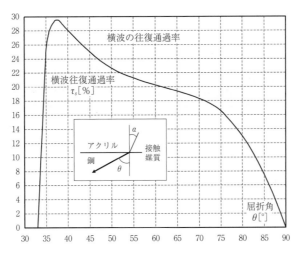

図 2.5 屈折角における横波の音圧往復透過率[1]

ごとの温度変化に対する屈折角の変化と感度の変化を表 2.10 に示す.

45°～70°の探触子では，被検材の温度が＋10℃変化するのに伴い屈折角は＋0.5°～＋1.2°変化し，また，感度も温度が＋10℃変化するのに伴い−0.5 dB～−3.3 dB と変化する．したがって，感度の調整および屈折角を測定する場合，探傷作業を行うところと著しく温度差のあるところで行ってはならない．

特に公称屈折角が 70°の探触子では，温度変化や音響異方性等によって著しく影響を受けるため，被検材の温度が 40℃を超える場合，また探傷屈折角が 72°を超えるような使用環境下では探傷作業を行ってはならない．時間軸の調整その他探傷器の各部の調整の場合も同様である．

（e） 探触子のくさびは数百 m 探傷すると，探傷上支障となる程度まで摩耗する．そのときには探触子を廃却するか，くさびの一部を張り替える必要がある．くさびを張り替えた場合には，再使用する前に JIS Z 3060 および本規準に規定した性能を満足していることを確認しなければならない．一般的に，この張替え用のくさびを「シュー」と呼んでいる．現在使用されているくさび（遅延材）の種類と特性の一例を表 2.11 に示す．

なお，くさびは一般的に安定かつ安価なアクリル樹脂が多く使用されているが，近年ではポリエーテルイミド（PEI）やポリスチレン樹脂などが用いられることもある．ポリエーテルイミドはアクリルに比べて音響効率・耐摩耗性は優れているが加工性が劣るため，容易にくさびの修正ができない．また，ポリスチレンは音響効率・加工性に非常に優れているものの，高価で耐摩耗性が悪いため数十 m 探傷するごとに頻繁にくさびを張り替える必要がある．なお，ポリスチレン＜ポリイミド＜ポリエーテルイミド＜ア

［注］ 1) G.J. Kühn and A. Lutch : Elastic wave mode conversion at a solid-solid boundary with tranverse slip, J. Acoust Soc. Amer., 32, pp. 949-953, 1961

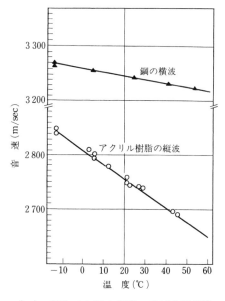
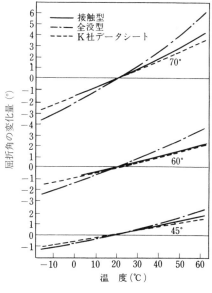

（a） 鋼とアクリル樹脂の音速と温度[2]　　（b） 温度による斜角探触子の屈折角の変化[2]

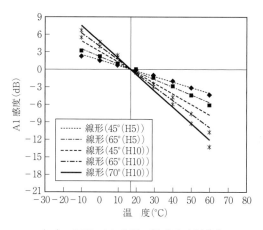

（c） STB-A1 感度の温度依存性[3),4)]

図 2.6

クリルの順に温度変化に敏感になる．

(2) 周波数および振動子の寸法

斜角探触子の振動子からアクリル等のくさび中に発振された縦波超音波は被検体との境界

［注］ 2) NDI 202 小委員会 WG2，福原熙明：斜角探触子の A1 感度の温度依存性，NDI 資料 2682，1978

3) 福原熙明，清田文範，松村民久，守井隆史，小林洋治：斜角探触子の屈折角の温度依存性，非破壊検査，Vol. 27，No. 2，pp. 86-91，1978

4) 笠原基弘，中込忠男，的場 耕：超音波斜角探傷法による柱梁溶接始終端部における溶接欠陥の評価に関する実験的研究，日本建築学会構造系論文集，596 号，pp. 117-124，2005.10

表 2.10 探触子による温度変化に対する屈折角および感度の変化[3),4)]

斜角探触子 周波数（MHz）	振動子高さ (mm)	屈折角 (°)	屈折角の変化 (+10℃あたり)	感度の変化 (+10℃あたり)
5	5	45	+0.5°	−0.5 dB
		65	+0.8°	−1.0 dB
	10	45	+0.5°	−2.0 dB
		65	+0.8°	−2.5 dB
		70	+1.2°	−3.3 dB

表 2.11 くさびの種類と特性の一例

名　称	記号例	特　性	熱変形温度
アクリル	PMMA	一般的に最もよく使用されている材料	100℃
ポリエーテルイミド	PEI	アクリル樹脂より減衰が少なく，耐摩耗性がある．	150℃
ポリスチレン	PS	減衰が非常に少なく高周波に適する．摩耗しやすい．	60℃
ポリイミド	Pl-1	耐摩耗性が良く，高温に適する．減衰が少ない．	360℃
	Pl-200	耐摩耗性が良く，高温に適する．減衰が非常に少ない．	470℃

面で一部反射し，一部は屈折して鋼中に伝搬する．探傷に使用するのは，通常，屈折した横波である．

　周波数は使用する振動子の厚さによって決まるもので，その原点はアメリカで振動子に用いられていた水晶の厚さが 2.5 mm（0.1 in）では 1 MHz，1.25 mm（0.05 in）では 2.25 MHz，0.5 mm（0.02 in）で 5 MHz であったことによる．その後，高性能なドイツ製の探傷器が輸入され，その周波数が 4 MHz であったために，当初 4 MHz が主流となったが，日本で探触子の規格化が行われた時点で，2 MHz と 5 MHz に統一されてきた経緯がある．現在，アメリカでは 2 MHz，ドイツでは 4 MHz，日本では 5 MHz が主流となっている．

　周波数が低い方が減衰が少なく遠距離の探傷が可能となるが，分解能が低下する傾向がある．また，周波数が高い方が分解能は向上するものの，減衰が大きいため，遠距離の探傷が困難となる．

　JIS Z 3060 では周波数は 2〜5 MHz と規定されたことから，周波数の選択肢は広がったが，使用者の混乱を避けるために，従来の 2 MHz と 5 MHz の中間である 3 MHz のみを追加した．これにより，中板程度の厚さに適用する選択肢が広がったことになる．

　ただし，本会において，3 MHz の探触子について，現状では欠陥の検出能等に十分な検証をする機会が少ないことから，4 章の本文に記載することは控えた．3 MHz の適用については，当事者間の協議によって使用することは差し支えない．

　一般に垂直探触子の振動子は円形であるが，斜角探触子の振動子は，通常，方形であり，高さ H × 幅 W（断面方向の寸法×平面方向の寸法）で表示される．実際の振動子の寸法は，

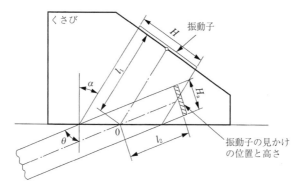

図 2.7　斜角探触子の振動子の見かけの位置と高さ

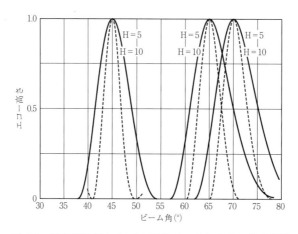

図 2.8　斜角探触子における振動子の高さ方向の指向性[5]

5〜20 mm のものが多く使われている．

　振動子の寸法が小さいと近距離の探傷が可能となるが，超音波の感度が低くなる．また振動子の寸法が大きくなると超音波の感度は高くなり，遠距離の探傷が容易となる．なお，振動子の寸法の大小は超音波の指向性に大きく影響し，振動子の寸法が小さいと指向性は鈍くなり，大きいと指向性は鋭くなる．

　5M5×5A70 は近距離音場限界距離は短いものの指向性が鈍くなるばかりか，表面波が発生しやすくなるため注意が必要である．また，5M10×10A45 は近距離音場限界距離が大きくなるだけでなく，指向性も鋭くなるため，超音波ビームが欠陥面に垂直に入射しないと欠陥の検出性が低下するため，使用に際しては，事前に検出性を十分に確認しておく必要がある．

　くさび中の縦波音速は被検体中の横波音速より一般に遅いため，図 2.7 に示すようにビームの太さは細くなる．これは被検体中から見た振動子の高さ H が実際の寸法より小さくな

[注]　5)　日本鋼構造協会：建築鉄骨梁端溶接部の超音波探傷検査指針　JSS Ⅳ 08-2008, p. 91

ることを示している．このため，被検体側から振動子を見ると，実際の寸法は正方形であっても屈折の影響を受けて高さ方向が縮んだ長方形となっている．

なお，紙面に垂直な方向（溶接線方向）の振動子の幅 W は変化しない．したがって，見かけの振動子の高さ寸法は屈折角 θ が大きいほど小さくなり，屈折角 $70°$ が最も影響を受けることになる．

一方，斜角探触子のくさび内距離も実質的には変化する．くさび内距離が長いと超音波がくさび内で減衰する程度が大きくなるだけでなく，被検材の温度変化に対しても影響を受けやすくなる．

通常の探傷では超音波は狭い角度範囲に集中しているため，超音波の拡散の程度は小さく比較的遠くまで伝搬するが，振動子の中心軸から離れるほどエコー高さは次第に低下する．

くさびの縦波音速 $Cw = 2,730$ m/s，鋼中の横波音速 $Cs = 3,230$ m/s，周波数 $f = 5$ MHz，波長 $\lambda = 0.646$ mm として，斜角探触子の諸特性を計算した結果を図 2.8 および表 2.12 に示す．なお，表中の $\phi_{H(100)}$，$\phi_{W(100)}$ は図 2.9 に示すビーム路程 100 mm におけるエコー高さが 1/2 となる範囲を示す．

超音波探傷では，欠陥面に垂直に超音波を入射させることが大切であるが，図 2.10 に示すように，斜角探傷において使用する屈折角によっては欠陥面に必ずしも垂直に超音波を入射させることができず，欠陥面に対して入射角 β のずれが発生することになり，振動子の周波数・寸法によって超音波の指向性は大きく変化する．また，欠陥高さの大小によって欠陥の指向性は大きく異なるため，欠陥面に対する超音波の入射角 β が大きくなると，欠陥を検出できなくなる可能性が高くなる．

そこで，斜角探触子における周波数，振動子の寸法および屈折角と検出可能な面状欠陥における欠陥高さとエコー高さとの関係は理論的に計算可能であるため，発生しやすい溶接欠陥と検出対象となる欠陥を考慮し，事前に十分検討しておく必要がある．

なお，具体的な実例は，欠陥の傾きと欠陥高さに対する探触子の周波数と振動子寸法との関係を示す文献[6)~8)]を参照されたい．

（3）不感帯

斜角探触子では，くさびが使用されているため，送信パルスに続いてくさび内エコーが表示画面上に現れる〔図 2.11 参照〕．もし入射点（原点）から欠陥までの距離が，時間的にみ

[注] 6) 笠原基弘，加賀美安男，廣重隆明，嶋　徹，下川弘海，中込忠男：溶接欠陥の発生と溶接継手の健全性を考慮した超音波斜角探傷方法に関する研究，日本建築学会構造系論文集，vol. 76, No. 669, 2011.11
7) 笠原基弘，廣重隆明，横田和伸，服部和徳，中野達也，嶋　徹，中込忠男：超音波探傷試験における探触子の選定が溶接欠陥の検出性に及ぼす影響，日本建築学会大会学術講演梗概集，pp. 1015-1016, 2017.8
8) 笠原基弘，廣重隆明，横田和伸，服部和徳，中野達也，嶋　徹，中込忠男：溶接欠陥の検出性向上のための超音波探傷試験における斜角探査触子の選定，日本建築学会大会学術講演梗概集，pp. 1015-1016, 2018.9

表 2.12 斜角探触子の諸特性一覧

斜角探触子の種類			見かけの振動子寸法		エコー高さが1/2となる範囲			
周波数 (MHz)	振動子寸法 (mm)		屈折角 (°)	高さ(mm) Ha	幅(mm) Wa	高さ(度) $\phi_{H(1/2)}$	幅(度) $\phi_{W(1/2)}$	高さ(mm) $\phi_{H(100)}$	幅(mm) $\phi_{W(100)}$
	高さ(H)	幅(W)							
5	5	5	45	4.4	5	3.7	3.3	13.0	6
			65	3.3		5.0		18.0	
			70	2.8		5.9		21.0	
	5	10	45	4.4	10	3.7	1.6	13.0	3
			65	3.3		5.0		18.0	
			70	2.8		5.9		21.0	
	10	10	45	8.8	10	1.9	1.6	7.0	3
			65	6.6		2.5		9.0	
			70	5.6		2.9		10.0	
3	10	10	45	8.8	10	3.1	2.7	10.7	5
			65	6.6		4.1		14.3	
			70	5.6		4.8		16.8	
	14	14	45	12.3	14	2.2	1.9	7.6	3
			65	9.2		2.9		10.2	
			70	7.8		3.4		12.0	
2	14	14	45	12.3	14	3.3	2.9	11.5	5
			65	9.2		4.4		15.3	
			70	7.8		5.2		18.1	
	20	20	45	17.6	20	2.3	2.0	8.0	4
			65	13.2		3.1		10.7	
			70	11.2		3.6		12.6	

てくさび内の残響エコーとして現れる距離内にあれば探傷は困難となるから，くさび内の残響エコーの現れる範囲はできるだけ短いほうがよい．ただし，タンデム探傷用の探触子で，最小入射点間距離を可能な限り短くしたために吸音効果が低下し不感帯の長いものもあるが，タンデム探傷では少々不感帯が長くても探傷に支障をきたさないので除外した．

（4） 接近限界長さ

接近限界長さ P_0 は，図 2.12 に示すように溶接ビードに最も接近できる超音波ビームの中心（入射点）であり，この大小により直射法で検出可能な深さが決定する．標準的なレ形開先で，探触子 5M10×10A70 を用いて探傷する場合，板厚が 6 mm 以上であれば，直射法によりルート部の探傷が可能であるが，実際の溶接幅と接近限界長さによっては探傷できない

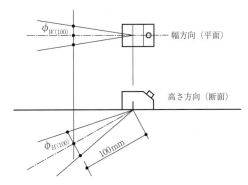

図 2.9　斜角探触子のエコー高さが 1/2 となる範囲

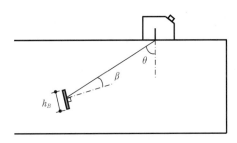

図 2.10　屈折角による欠陥面への入射角

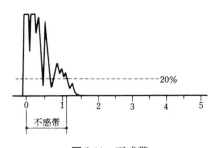

図 2.11　不感帯

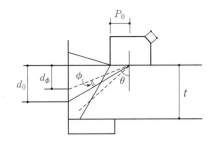

図 2.12　接近限界長さと検出可能な深さ

場合もあるので，注意する必要がある．図 2.12 の接近限界長さ P_0 は通常 5〜25 mm 程度であるが，屈折角が大きいほど，振動子の高さが大きいほど長くなり，溶接部の余盛の影響を受けて探傷不能領域が拡大するため，できるだけ短い方が望ましい．

2.2.2　垂直探触子

（1）　振動子の寸法

　溶接部の内部欠陥検査には，5 MHz ϕ20 mm または 2 MHz ϕ28 mm，ϕ30 mm のいずれかの探触子を使用する．箱形断面内のエレクトロスラグ溶接部の溶込み幅の測定には，5 MHz ϕ10 mm の探触子を使用する．

　探触子の破損および摩耗を防止するために，軟質保護膜を使用することが多くなっているが，保護膜の厚さにより感度・周波数および距離振幅特性が変化するので使用しないほうが

望ましい．使用する場合には，振動子と保護膜の接触状態に十分注意するとともに，保護膜の厚さは $\lambda/2$ または λ（λ＝波長）とし，エコー高さの再現性および欠陥指示長さの測定精度を直接接触法と十分比較・検討しておく必要がある．一般に使用している保護膜の材料はポリウレタンであり，このときの推奨厚みは 5 MHz で 0.38 mm（＝λ），2 MHz で 0.47 mm（＝$\lambda/2$）である[9]．

なお，エレクトロスラグ溶接部の溶込み幅の測定のような探傷作業において，粗い面におけるエコーの安定化，不感帯の軽減，また遠距離音場での探傷が可能となる等の改善を図るため，振動子の前面にポリエーテルイミド（PEI）やアクリル樹脂などの遅延材を取り付けた遅延材付き垂直探触子がある．この遅延材付き垂直探触子は，斜角探触子と同様に探傷走査がスムーズであり，エコー高さも非常に安定しやすい．ただ，この垂直探触子では遅延材内に多重反射が生じて探傷画面に不要なエコーが出現するため，被検体が鋼の場合は遅延材の長さは使用するビーム路程（B1）の 1/2 以上とする必要がある．ポリエーテルイミドはアクリル樹脂と音速は同程度であるが，減衰が少なく耐摩耗性が良いため，遅延材の材質としては優れている．

（2） 分解能

JIS Z 2352（超音波探傷装置の性能測定方法）の 6.3 では分解能の測定に使用する対比試験片として 3 種類を規定し，探傷試験に用いる探触子のパルス波数によって使い分けることになっている．本規準では，現在使われている探触子が比較的パルス波数の多いものであることを配慮して RB-RA を使用するものとして規定している．

2.3 接 触 媒 質

> 原則として，グリセリンペーストまたは濃度 75％ 以上のグリセリン水溶液を使用する．なお，必要に応じて適正な感度補正を行う場合は，この限りではない．

探触子から発振される超音波を被検材に伝えるために使用される接触媒体としては，下記に示す各種の液体がある．

①水，②マシン油などの鉱物油，③グリース，④ペースト（でん粉のりまたは合成のり），⑤グリセリン，⑥グリセリンペースト

滑らかな平面から直接接触法で探傷する場合には，これらの間に本質的な差異はない．ただし，流動性の良すぎるものは傾斜面・垂直面では流失しやすく作業に支障をきたすので，状況に応じて適度な粘性をもつことが要求される．

このことから，溶接部近傍の母材の表面は，粗面であることが多いので，粗面でも感度が比較的低下しないグリセリンまたはグリセリンペーストを使用することを原則としている．グリセリンは水で薄めることができるが，薄めすぎると性能が低下するので，濃度を 75％ 以上としている〔図 2.13 参照〕．なお，アクリルの代わりにポリスチレン樹脂をくさびに用いた探触子とグリ

［注］ 9） NDI 208 小委員会：保護膜の影響について，NDI 資料 2596，1976

セリンペーストまたは濃度75％以上のグリセリン水溶液の組合せでは，表面粗さ100 μmRz未満の場合には接触媒質による伝達損失の補正は必要としない．ただし，ポリスチレン樹脂はアクリルに比較して音響効率は優れているが，耐摩耗性は著しく劣る特徴がある．

　垂直探傷の場合，表面粗さが感度に及ぼす影響は，斜角探触子の場合より複雑で，接触媒質のほか振動子の材質やダンパ材によって異なり，斜角探触子より影響を受けやすいので十分に注意する必要がある．なお，表面が粗い場合には，遅延材付き垂直探触子を用いることにより安定した探傷ができる．

　また，図 2.13 の曲線はあくまで平均値であり，音圧損失が大きいほどばらつきが大きく，平均値に対して ±4～±6 dB 程度のばらつきをみる必要がある．したがってグリセリン以外の接触媒質を使用するとき，単純に図 2.13 から読み取った値（dB）だけ感度を上げるだけでは不十分である．たとえば，斜角探傷で表面粗さが 50～75 μmRz の探傷面に対してペーストを使用したとすると，同一欠陥に対してエコー高さは 0 dB から −15 dB の範囲にわたって変動する可能性がある．したがって，75 μmRz に対応して 8 dB 程度感度を補正しても，見落とされる欠陥があり得ることを認識する必要がある．

　したがって，表面粗さが標準試験片などの表面と著しく異なる場合には探傷感度が低下する可能性があることから，表面を仕上げるか，周波数を下げるか，くさびの材質を替えるかなどの対処が必要となる．

　接触媒質の粘度や音響インピーダンスは温度により影響されるので，冬期または寒冷地あるいは夏期における使用時には，適切なものを選択する必要がある．図 2.14 は 100％グリセリンと 75％グリセリンの各温度における φ3.2 mm 横穴を前後走査したときのエコー高さの関係を示した一例で，図 2.15 は STB-A2 により V 走査したときの温度変化に伴う接触媒質の違いによる感度変化の一例である．低温または高温では，接触媒質の選択により作業能率の向上と 2～3 dB のゲインの利得が得られることがわかる．

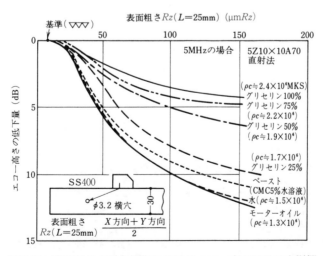

図 2.13　表面粗さが斜角探傷におけるエコー高さに及ぼす影響

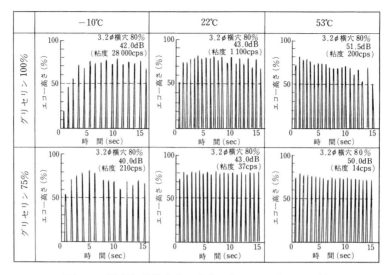

図2.14 温度と前後走査の立上がりエコー高さの関係

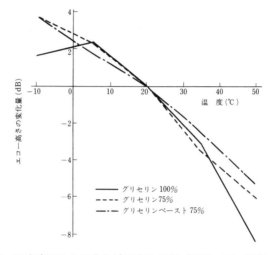

図2.15 V走査による温度と透過度の関係(STB-A2, 20℃を基準)

なお，近年，超音波探傷専用の接触媒質が多く市販されてきているが，音響インピーダンスや粘性だけでなく，水溶性・乾燥の程度等，種類も多種雑多であるため，使用に際しては十分に特性を把握して探傷に適正なものを選択しなければならない．

表面SH波探傷の場合は，通常のグリセリンなどの接触媒質が使用できないため，高粘性の接触媒質を使用しなければならない．

図2.16は，各種のSH波用接触媒質の温度と感度の関係を示したものである[10]．SH波用接触媒質における感度は粘性に関係があり，粘性が高ければ高いほど高感度となる．また粘性は温度

[注] 10) 表面SH波探傷の検討結果：日本非破壊検査協会：第4回超音波による非破壊評価シンポジウム講演論文集, pp 65-72, 1997.1.

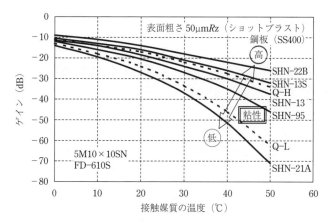

図 2.16　各種の SH 波用接触媒質の温度と感度の関係

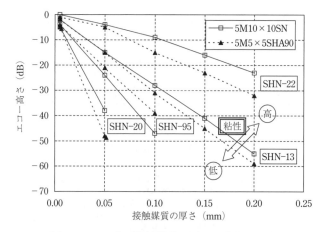

図 2.17　SH 波用接触媒質の厚さと感度の関係

と密接な関係があり，低温では粘性が高くなる．したがって，1 種類の接触媒質のみで広範囲な温度をカバーすることができないので，その温度に適した十分な感度を有する接触媒質を使用しなければならない．

　図 2.17 に SH 波用接触媒質の厚さとエコー高さの関係を示す[10]．エコー高さは，接触媒質の厚さが薄いほど高くなる．したがって，できるだけ接触媒質が薄くなるように探傷面の表面粗さは小さい方がよく，接触面積が小さい探触子を使用した方がよい．接触媒質によってその厚さとエコー高さの関係は異なり，粘性が高い接触媒質の方がエコー高さに与える影響の度合いは少ない．

2.4 標準試験片および対比試験片

2.4.1 標準試験片

JIS Z 2345（超音波探傷試験用標準試験片）に規定する A1 形 STB，A2 形系 STB および A3 形系 STB を使用する．

2.4.2 対比試験片

（1） 対比試験片の種類

被検材の形状・寸法など，または探傷方法により ARB，JIS Z 3060 に規定する RB-A6 あるいは RB-42 のいずれかを用いる．

（2） ARB 試験片

ARB の形状および寸法は図 2 に示すもので，被検材と同じ材料で製作するか，またはその被検材と超音波特性の近似した材料で製作するものとする．また，標準穴と仕上げ面との平行度は 0.3 mm 以下とし，仕上げ面の平行度はそれぞれ 0.1 mm 以下とする．

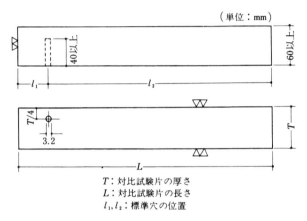

T：対比試験片の厚さ
L：対比試験片の長さ
l_1, l_2：標準穴の位置

[注] （1） T は被検材の厚さまたは 75 mm とする．
（2） T が被検材の厚さと等しい場合には，表面粗さは被検材のままとする．
（3） L および l_1，l_2 は被検材の厚さまたは使用するビーム路程を考慮して定める．l_1 は垂直探傷で使用する場合は最大ビーム路程とする．

図 2　対比試験片 ARB

2.4.1 標準試験片

溶接部の超音波探傷試験に主として用いられる標準試験片には A1 形 STB，A2 形系 STB および A3 形系 STB がある．また，母材欠陥の確認のために STB-N1 がある．A1 形 STB は STB-A1 の 1 タイプの試験片のみが規定されているが，A2 形系 STB には 3 タイプ，A3 形系 STB には 4 タイプの試験片が規定されている．すなわち前者には STB-A2，STB-A21，STB-A22 があり，後者には STB-A3，STB-A31，STB-A32，STB-A7963 がある．いずれの標準試験片を用いてもよいが，使用目的や作業環境（高所作業，可搬性）などを考慮して適正に選定する必要がある．また一連の調整作業には種類の異なる複数の標準試験片を混用してはならない．図 2.18 に A2 形系 STB，図 2.19 に A3 形系 STB および図 2.20 に STB-N1 の形状寸法を示す．

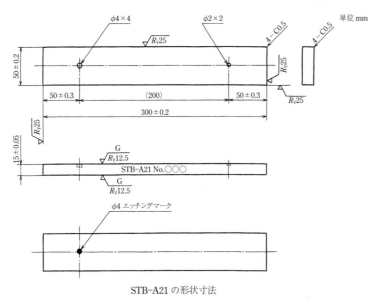

図 2.18　A2 形系 STB の形状寸法（JIS Z 2345：2000　付図 5）

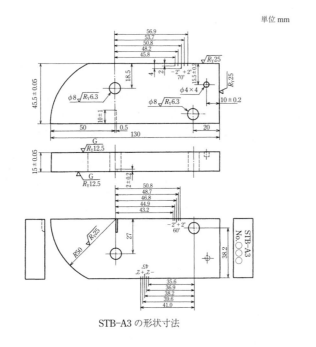

図 2.19　A3 形系 STB の形状寸法（JIS Z 2345：2000　付図 7）

2.4.2　対比試験片

（1）　RB-A6 または RB-42 は円周継手，また RB-43 は長手継手の探傷感度の調整およびエコー高さ区分線の作成に使用する．

　　　ARB は，板厚 75 mm を超える溶接部を探傷する場合の探傷感度の調整およびエコー高

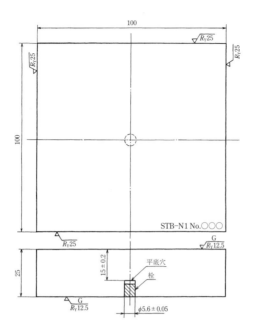

図 2.20 STB-N1 の形状寸法 (JIS Z 2345:2000 付図 2)

さ区分線の作成に使用する．板厚が 75 mm を超えるときには A2 形系 STB では必要なビーム路程を確保できないため，JIS Z 3060 に規定された RB-41 にその原形を取って ARB を制定した．また，ARB は垂直探傷での感度調整およびエコー高さ区分線の作成にも使用することとし，垂直探傷法でエコー高さ区分線の作成を容易に行えるように，横穴の径は板厚にかかわりなく一定寸法とした．横穴径を $\phi 3.2$ mm としたのは A2 形系 STB，A3 形系 STB の $\phi 4 \times 4$ mm とほぼ同一エコー高さ（屈折角 70° の場合）となるように考慮したためである．

各対比試験片は，被検材と同一材料または超音波の音速および減衰などが被検材と近似した材料で製作することが肝要である．また，ARB，RB-A6 および RB-42 は厚さ T が被検材と同一寸法の場合，探傷面となる表面粗さも被検材と同等であることが望ましい．しかし，被検材と寸法が異なる場合には，並仕上げ（25 μmRz 程度）を施すものとする．

図 2.21 に RB-41A および RB-41B，図 2.22 に RB-42，図 2.23 に RB-43 および図 2.24 に RB-A6 の形状，表 2.13 にそれぞれの寸法を示す．

なお，RB-41A と RB-41B では形状寸法は同じでも表面粗さが異なり，RB-41A は試験体と表面粗さが同等なもの，RB-41B は探傷面を仕上げたものである．

(2) ARB の各部寸法の決め方のガイドラインを以下に示す〔図 2.25 参照〕．

(a) 斜角探傷法で使用する場合

T の寸法は被検材の板厚 t が 120 mm までは t または 75 mm，板厚 t が 120 mm 以上では 120 mm を推奨する．

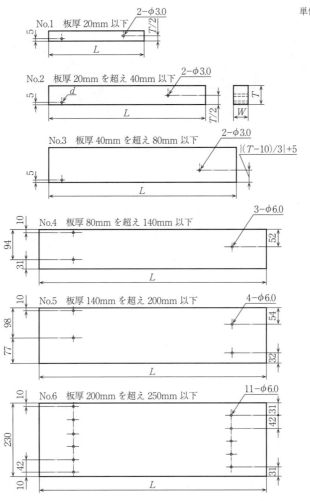

L：対比試験片の長さ．対比試験片の長さは，使用するビーム路程による．
　　感度補正のⅤ透過を行う長さ又はその2倍の長さ以上とする．
T：対比試験片の厚さ
d：標準穴の直径
W：試験片の幅
　　$W > 2 \times \lambda \times S/D$
λ：波長
S：使用する最大のビーム路程
D：振動子の幅
注記　No.4 及び No.5 は反転して利用し，No.6 は片面からの探傷とする．

図 2.21　RB-41A および RB-41B の形状寸法（JIS Z 3060：2015　図 B.1）

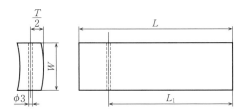

L：対比試験片の長さ．対比試験片の長さは，使用するビーム路程による．
　　感度補正のV透過を行う長さ又はその2倍の長さ以上とする．
L_1：5/4スキップ以上の長さ，40 mm以上とする．
T：対比試験片の厚さ
W：試験片の幅
　　$W > 2 \times \lambda \times S/D$
λ：波長
S：使用する最大のビーム路程
D：振動子の幅

図 2.22 RB-42 の形状寸法（JIS Z 3060：2015　図 C.2）

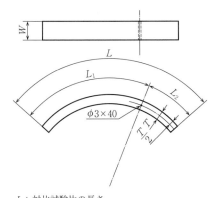

L：対比試験片の長さ
L_1：2スキップ以上の長さ
L_2：1スキップ以上の長さ
T：対比試験片の厚さ
W：試験片の幅
　　$W > 2 \times \lambda \times S/D$
λ：波長
S：使用する最大のビーム路程
D：振動子の幅

図 2.23 RB-43 の形状寸法（JIS Z 3060：2015　図 D.4）

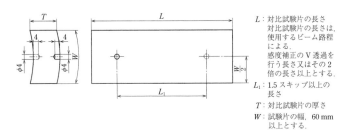

L：対比試験片の長さ
　　対比試験片の長さは，使用するビーム路程による．感度補正のV透過を行う長さ又はその2倍の長さ以上とする．
L_1：1.5スキップ以上の長さ
T：対比試験片の厚さ
W：試験片の幅，60 mm以上とする．

図 2.24 RB-A6 の形状寸法（JIS Z 3060：2015　図 C.3）

表 2.13 RB-41A および RB-41B の寸法　　（単位：mm）

試験片の番号	試験体の厚さ t	対比試験片の厚さ T	標準穴の直径 d
No. 1	20 以下	19 又は $t±10\%$	3.0
No. 2	20 を超え 40 以下	38 又は $t±10\%$	3.0
No. 3	40 を超え 80 以下	75 又は $t±10\%$	3.0
No. 4	80 を超え 140 以下	125 又は $t±10\%$	6.0
No. 5	140 を超え 200 以下	175 又は $t±10\%$	6.0
No. 6	200 を超え 250 以下	225 又は $t±10\%$	6.0
No. 7	250 を超えるもの	$t±10\%$	6.0

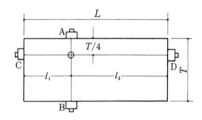

図 2.25　ARB の各部寸法

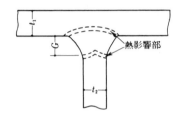

図 2.26　主として垂直探傷法が適用される継手形状

　L の寸法は使用する最大ビーム路程によって決めればよいが，このとき l_1 は 40 mm 以上とする必要がある．

（b）　垂直探傷法で使用する場合

　垂直探傷法が主として適用される継手の形状は図 2.26 のようであり，このときに使用する探触子は 5 MHz ϕ20 mm または 2 MHz ϕ28 mm，ϕ30 mm のいずれかであるから，T および l_1 の寸法は，次式により決定するとよい．

　　　$10 \leq T/4 \leq t_1 - 5$　　　$l_1 \geq t_1 + G + 20$

　ただし，G は溶接前の最大ルート間隔，l_2 の寸法は垂直探傷法にのみ使用するときには，$l_2 = 2l_1$ 程度としておくとかなり広い被検材板厚範囲にわたって使用でき便利である．ただし，材料によって図 2.25 に示す A または B 方向と，C または D 方向では超音波特性が異なる場合があるので，よく調査して使用する必要がある．両者に著しい差のある場合には，C または D 方向は使用しないほうがよく，横穴の位置は $T/4$ にこだわらず，横穴から B までの距離を l_1 として ARB を製作し，使用することが望ましい．

3章　探傷の準備

3.1　予備調査

> 検査技術者は，探傷作業開始前に探傷に必要な事項を確認しておくものとする．

　超音波探傷だけによって得られる情報は，反射源までのビーム路程，探触子溶接部距離とエコー高さおよびその走査特性である．したがって，正確な判断をするためには，以下のような事項をあらかじめ知っておく必要がある．

① 材質・板厚
② 被検材の温度
③ 開先および継手形状
④ 裏当て金の寸法および組立て溶接の位置
⑤ エンドタブの種別と施工状況
⑥ 溶接施工法
⑦ ビードの外観・形状および食違い・仕口のずれの有無
⑧ 使用鋼材の音響特性（STB音速比と減衰の度合い）
⑨ 溶接補修の詳細
⑩ 母材中の欠陥の状況
⑪ 箱形断面内のエレクトロスラグ溶接部の溶接予定線の位置
⑫ 遠心力鋳鋼管の探傷面および反射面の仕上げ（粗さ）とその範囲
⑬ タンデム探傷のための参照線の位置

3.2　探傷面の手入れ

> 探傷面に，スパッタ，浮いたスケールおよび超音波の伝搬を妨げるさびなどが存在する場合には，これらを除去する．また探傷面が粗い場合には，適切な方法で仕上げを行う．なお，塗料またはめっきなどで表面を処理する場合には，処理前に探傷することを原則とする．

　探傷に不適当な表面は，適切な方法で仕上げを行わなければならない．一般に問題となる表面状況には，以下の事項などがある．

① 浮いたスケール，② 異物の付着，③ 塗装，④ 溶接スパッタ，⑤ 鋳造肌，
⑥ めっき

　これらの探傷面は，探触子と被検材との接触面における超音波の伝搬に影響を与えるから，探傷感度に直接影響を及ぼす．したがって，探傷に不適当な表面は，その状況および仕上げ程度に対する要求に応じて，適切な方法で仕上げを行う必要がある．一方，周波数によって影響の受け方が異なり，高い周波数ほどその影響は著しいので注意を要する．また，垂直探触子を直接接触させて使用する場合（保護膜やアクリル遅延材を使用しないもの）にも同様の注意が必要であ

る．溶接部のスパッタを取り除くため，グラインダ仕上げをすることがあるが，かえって表面を悪くすることが多いため注意しなければならない．

　普通，良好な状態の黒皮の表面粗さは，板厚が 30 mm 程度以上のときは，20 μmRz 程度であり，黒皮がところどころはく離した状態でも 50 μmRz 程度である．これらは少々さびてもワイヤブラシなどでさびを落とすと，さびる前とほぼ同じ表面粗さを保っている．

　一方，研削と石を有するポータブルグラインダで仕上げると，かなりていねいに仕上げても，その表面粗さは 70 μmRz 程度となり，ときには 150 μmRz 以上ともなる．ディスクサンダの場合は，ていねいに仕上げると表面粗さは 20 μmRz 程度に抑えることができるが，50 μmRz 以上となる場合もある．

　したがって，もっとも好ましい探傷面の手入れ法は，次のとおりである．まずスパッタや異物の付着をけれん棒で除去し，それでも取れないものは，テストハンマなどで除去する．そのあと，ワイヤブラシまたは布切れで清掃する．

　塗装またはめっき後にその処理された面で探傷を余儀なくされた場合には，感度低下量を確認するか，V 走査によって適正な感度補正等を行った後に探傷しなければならない．図 3.1 は，めっき厚さによるエコー高さの影響に対する実験結果の例[1])である．標準試験片に比べて黒皮（図中の 25 μm）では −2 dB〜−4 dB 程度感度が低下しているが，めっき厚さが 100〜200 μm の範囲では感度低下はほとんど見られない．なお，めっき厚さが 250 μm を超えると感度低下が大きくなるため，適切な感度補正を行ってから探傷しなければならない．なお，図 3.1 は 5M10×10A70 の結果であるが，他の探触子における傾向も同程度である．

　遠心力鋳鋼管の場合は，探傷面および反射面の仕上げおよびその範囲は，あらかじめ遠心力鋳鋼管を製造する工場で仕様に基づき加工する．

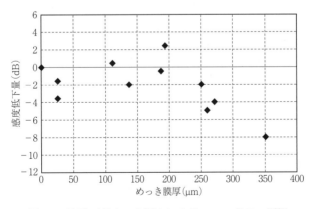

図 3.1　溶融亜鉛めっき厚さによるエコー高さの影響

[注]　1)　溶接学会　建築鉄骨溶接特別研究会：建築鉄骨における溶融亜鉛めっき割れの発生とその防止手法，第 5 章，2007.11

3.3 溶接部表面の手入れ

> 余盛の形状が検査結果の解釈に支障をきたす場合には，それを適切に仕上げる．

　ビード表面の凹凸が大きいと形状によるエコーか，欠陥によるエコーかを判別することが難しい場合がある．その場合には，ポータブルグラインダなどで表面を滑らかにして探傷を行う．

4章　斜角探傷法

4.1　斜角一探触子法

4.1.1　適用範囲
探傷面が平板状の継手の溶接部および直径（外径）が 100 mm 以上の鋼管の円周継手溶接部を，探傷する場合に適用する．なお，超音波特性が A1 形 STB，A2 形系 STB または A3 形系 STB と異なるか不確かな被検材の溶接部を探傷する場合には，付則 1 に示す探傷方法を適用する．また，固形エンドタブを用いた梁端フランジ溶接始終端部を探傷する場合には，付則 2 に示す探傷方法を適用することができる．

4.1.2　周波数の選定
板厚に応じ表 8 に規定する公称周波数を適用する．ただし，板厚が 20 mm を超える遠心力鋳鋼管を探傷する場合には 2 MHz を使用する．

表 8　公称周波数

母材の板厚(mm)	公称周波数(MHz)
40 以下	5
40 を超え 75 以下	2 または 5
75 を超える	2

4.1.3　屈折角および測定範囲の選定
探傷の対象となる部分の板厚・開先形状およびビードの形状を考慮して選定する．

（1）　公称屈折角は 70° または 65° を用いることを標準とする．ただし，板厚が 75 mm を超える場合には 65° を標準とする．

　　なお，標準として用いた探触子で走査範囲不足のため探傷不能領域が発生する場合は，45° の探触子を併用するか，振動子寸法 5×5 mm または 5×10 mm の探触子を使用するなどして，探傷不能領域をできるだけ小さくする．

（2）　走査は探触子を溶接部にもっとも近接して置ける位置から 1 スキップ距離の範囲で行う．ただし，板厚が 40 mm を超え，かつ両面から探傷する場合には，0.5 スキップ距離の範囲で行ってもよい．

4.1.4　装置の調整
測定範囲が 250 mm 以下の場合は，A1 形 STB または A3 形系 STB のいずれかを使用し，250 mm を超える場合は A1 形 STB を使用する．

振動子の公称寸法が 14×14 mm の場合は A1 形 STB または STB-A32，20×20 mm の場合は A1 形 STB を使用する．

（1）　入射点位置の特定

　　入射点は 1 mm 単位で読み取る．

（2）　時間軸の調整および原点の修正

選定した測定範囲に±1％の精度で時間軸を調整し、かつ原点を修正する.

（3） 屈折角の測定

STB屈折角は，0.5°の単位で読み取る.

4.1.5 エコー高さ区分線の作成および探傷感度の調整に用いる試験片の選定

エコー高さ区分線の作成および探傷感度の調整に使用する試験片は，表9に示すとおりとする.

表9 エコー高さ区分線の作成および探傷感度の調整に用いる試験片

検査対象 板厚(mm)	平板状継手および外径500 mmを超える鋼管の円周継手	外径100 mm以上500 mm以下の鋼管の円周継手
75以下	A2形系STB, A3形系STB	RB-A6またはA2形系STB*
75を超えるもの	ARB, RB-41A, またはRB-41B	RB-42

［注］ ＊A2形系STBを使用する場合は，付4による.

4.1.6 距離振幅特性曲線によるエコー高さ区分線の作成

（1） 欠陥を評価するために，エコー高さ区分線を作成する．エコー高さ区分線は距離振幅特性曲線により，4.1.5に定めた試験片を用いて作成する.

（2） エコー高さ区分線は，原則として実際に使用する探傷器と探触子の組合せにより，エコー高さ区分線作成の機能を利用して作成する.

（3） A2形系STBまたはRB-A6を使用する場合には，φ4×4 mmの標準穴を用いてエコー高さ区分線を作成する．ARB, RB-41A, RB-41BまたはRB-42を使用する場合には，それぞれの標準穴を用いてエコー高さ区分線を作成する.

（4） エコー高さ区分線の作成にあたっては，図3に例示する位置に順次探触子を置き，それぞれのエコー高さのピークを探傷器に記憶させるなどして，エコー高さ区分線作成の機能を利用して作成する.

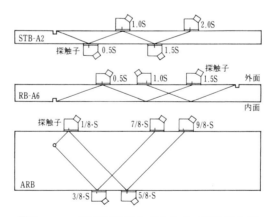

図3 エコー高さ区分線作成のための探触子位置

（5） 一定の感度におけるプロット点を直線で結び，1つのエコー高さ区分線とする〔図4参照〕．このとき，最短ビーム路程のプロット点より左はその高さで線を延長する．ただし，A2形系STBまたはRB-A6を用いる場合で，公称屈折角が45°の探触子を用いる場合には，最短ビーム路程のプロット点は1スキップとする.

（6） 表示画面部には，4本以上のエコー高さ区分線を表示させる．隣接する区分線の感度差は

6 dB とする．

4.1.7 U線・H線・M線およびL線

4.1.6で作成したエコー高さ区分線のうち，目的に応じて，少なくとも下位から3番目以上の線を選びこれをH線とし，これを感度調整基準線とする．H線は，原則として，欠陥エコーの評価に用いられるビーム路程の範囲で，その高さが40％以下にならない線とする．

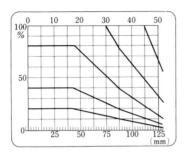
（a） 5M10×10 A 70，測定範囲 125 mm，STB-A 2 による

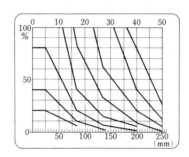
（b） 5M10×10 A 45，測定範囲 250 mm，ARB（$T=80$ mm）による

図4　エコー高さ区分線の作成例

H線から6 dB 高いエコー高さ区分線をU線，H線から6 dB 低いエコー高さ区分線をM線，12 dB 低いエコー高さ区分線をL線とする．

4.1.8 エコー高さの領域

U線・H線・M線およびL線で区切られたエコー高さの領域を表10に示すように名付ける．

表10　エコー高さの領域区分

エコー高さの範囲	エコー高さの領域
L線以下	Ⅰ
L線を超えM線以下	Ⅱ
M線を超えH線以下	Ⅲ
H線を超えU線以下	Ⅳ
U線を超えるもの	Ⅴ

4.1.9 探傷感度

探傷感度は，使用する標準試験片または対比試験片と探触子の公称屈折角に応じて，下記により調整する．なお，使用する試験片に比べて被検材の表面が粗い場合および減衰が著しい場合には，探傷感度を補正する．

（1）A2形系STB，A3形系STBまたはRB-A6による場合

$\phi 4 \times 4$ mm の標準穴を探傷してそのエコー高さを，公称屈折角70°の探触子はH線に，公称屈折角65°の探触子はM線に，公称屈折角45°の探触子の場合はU線に，それぞれ合うようにゲイン調整し探傷感度とする．

（2）ARB，RB-41A，RB-41BまたはRB-42による場合

標準穴を探傷して，そのエコー高さをU線に合うようにゲイン調整し探傷感度とする．

4.1.10 探傷面

（1）突合せ継手の探傷

図5に示すように片面両側から探傷することを原則とする．

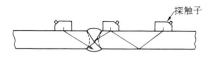

図5　突合せ継手の探傷

（2）　T継手および角継手の探傷

図6に示すように両面片側または片面片側から探傷する．

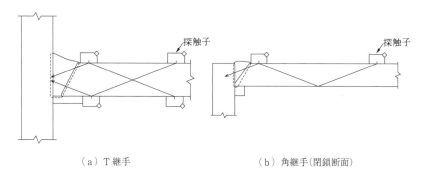

（a）T継手　　　　　　　　　　（b）角継手（閉鎖断面）

図6　T継手および角継手の探傷

4.1.11　予備探傷

（1）　感度の調整

　　4.1.9に規定した探傷感度またはそれ以上の感度にゲイン調整する．

（2）　走査方法および探傷面

　　ジグザグ走査・左右走査および前後走査，横方形走査・縦方形走査のいずれかの走査方法を用い，4.1.10に規定した探傷面から探傷する．

（3）　異常部の検出

　　L線を超えるエコーを検出する．

（4）　異常部の判定

　　異常部の最大エコーを示す位置に探触子を置き，探触子の位置，探触子の向き，ビーム路程，エコーの分離，溶接部の状況などから，異常部が欠陥かどうかを判定する．

4.1.12　規定探傷

（1）　対象箇所

　　予備探傷において欠陥と判定された箇所を対象とする．

（2）　感度の調整

　　4.1.9に規定した探傷感度にゲイン調整する．

（3）　エコー高さの領域

　　最大エコー高さを示す位置および方向に探触子を置き，その最大エコー高さがどの領域にあるかを読み取る．

（4）　評価の対象とする欠陥

　　最大エコー高さがL線を超える欠陥を評価の対象とする．

(5) 欠陥指示長さの測定
　(a) 走査方法
　　　最大エコー高さを示す探触子溶接部距離において，溶接線が直線の場合は左右走査，曲線の場合は溶接線の曲率中心を回転中心とする振り子走査を行う．この場合，いずれも若干の前後走査を行うが首振り走査は行わない．
　(b) 測定方法
　　　エコー高さがL線を超える範囲の探触子の移動距離を欠陥指示長さとする．欠陥指示長さの測定単位は1 mm単位とする．
　　　なお，欠陥が被検材の端付近に存在する場合で，探触子の側面が被検材の端に一致する位置においても欠陥からのエコー高さがL線を超える場合には，原則として被検材の端を欠陥の端とする．
(6) 欠陥位置の表示
　　　欠陥の長さ方向の位置は，欠陥指示長さの起点で示し，溶接線と直角方向および深さ方向の位置は，最大エコー高さを示す位置で表示する．

4.1.1　適用範囲

　鋼管の円周継手の探傷に際して，旧規準では直径300 mm以上のものに適用することとしていたが，今回の改定で直径（外径）100 mm以上のものに適用できることとした．外径300 mm以上500 mm以下の鋼管の円周継手の探傷感度の調整は，RB-A6により行うこととなっていたが，本規準の付4.にある指針では，直径100 mm以上500 mm以下の円周継手について，A2形系のSTBを使用してエコー高さ区分線作成後，探傷感度の補正量について定めている．

　標準として使用する探触子の公称屈折角は70°または65°としている．なお，標準の探触子を適用して探傷不能領域が生じる場合，それを補完する目的で45°の探触子を用いてもよいが，標準とした探触子と代替で使用することは，欠陥検出能に差が生じることを勘案して使用しなければならない．

　また，使用する探触子は，被検材の板厚および開先形状・寸法等を考慮して選択しなければならない．図4.1に示すように標準の開先角度（35°）およびルート間隔（7 mm）の溶接部を探傷する場合，65°の探触子では板厚16 mm以下のレ形開先の裏当て金方式の溶接継手で，探傷範囲となる溶接金属および熱影響部の断面の一部に超音波ビームが透過しない領域がある．さらに，ルート間隔やビード幅が過大となった場合，ビームの透過しない領域は，板厚25 mmであっても存在することが想定される．

　また，探傷不能領域を小さくするために，探触子の接近限界長さの小さい振動子寸法5×5 mmまたは5×10 mmの探触子を使用することもよいが，社内検査と受入検査とで使用する探触子が異なることで検査結果の相違の発生が懸念される．工事の始まる前に使用する探触子について打合せをし，同じ表示記号のものを使用することが望ましい．

　鋼構造建築溶接部の超音波探傷において，被検材の探傷方向の横波音速と標準試験片の横波音速に著しい差異がある場合，標準試験片を用いて測定した屈折角（STB屈折角）と被検材の屈

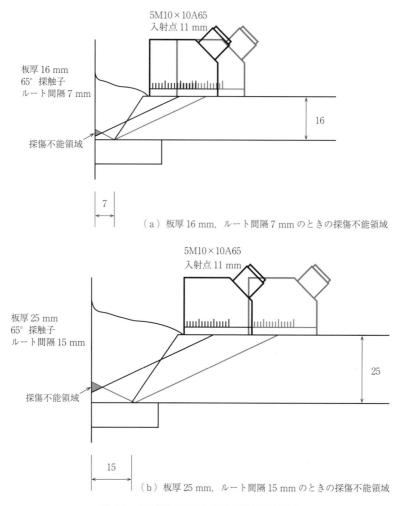

（a）板厚 16 mm，ルート間隔 7 mm のときの探傷不能領域

（b）板厚 25 mm，ルート間隔 15 mm のときの探傷不能領域

図 4.1　65°探触子における探傷不能領域

折角（探傷屈折角）との差異を把握しないと，欠陥位置の推定および裏当て金付き溶接部のルート部からのエコーの判別などが困難になる．そのような場合には，付則 1 に示す「STB との音速差のある鋼材を用いた鋼構造建築溶接部の超音波探傷試験方法」を適用する．ただし，付則 1 による試験方法は作業能率が低下するので，適用にあたっては，事前に発注者と設計者を含めた関係者間で十分に協議しておくことが必要である．その結果は検査要領書などに明記しておく．

　一般に梁端フランジ溶接接合部は大地震時に塑性ヒンジが形成され，設計時に想定された塑性変形が生じるまで破断してはならないという非常に高い性能が要求される．一方，固形エンドタブを用いた梁端フランジ溶接始終端部には，初層の位置に溶込不良が発生しやすいが，始終端に生じる内部欠陥は検出が困難である．このような欠陥を検査する場合には，付則 2 を適用することができる．

4.1.2　周波数の選定

　一般に周波数が高いほど小さい欠陥の検出能力は優れるが，音波の減衰が大きくなる．建築溶

接部に主として使用される SN 材, SS 材および SM 材は, 板厚が 75 mm 以下の場合では, 周波数 5 MHz でも探傷上の問題はない. 板厚が 75 mm を超える場合では, これらの材でも減衰が無視できないので 2 MHz を用いることとした. なお, 板厚が 40 mm を超えると, 使用するビーム路程 W が長くなるに従ってビーム幅も広くなり, 欠陥位置の推定精度が低下すること, また探傷画面上のエコー高さが低くなることなどを考慮し, 板厚が 40 mm を超え 75 mm 以下の場合には, 周波数は 2 MHz または 5 MHz の適切な方を選択できるようにした. 図 4.2 は 2 MHz と 5

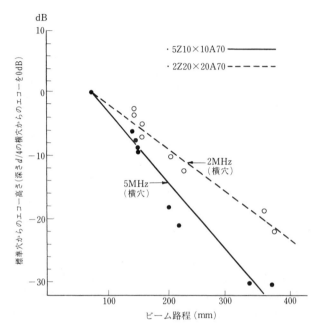

図 4.2 溶接断面内の位置による音波の減衰の相違

表 4.1 斜角探傷（横波）の減衰定数

エレクトロスラグ溶接の工法	試験片記号	減衰定数(dB/mm)			
		5MHz		2.25MHz	
		45°	70°	45°	70°
KOB	B-1	0.083	0.027	—	—
	B-2	0.052	0.059	0.083	—
	B-3	0.050	—	0.056	—
SES	B-1	0.075	0.059	0.056	—
	B-2	0.094	0.036	0.028	—
	B-3	0.113	0.042	0.028	—
KU-1000	B-1	0.117	0.203	0.145	0.061
	B-2	0.043	0.035	0.020	0.025
	B-3	0.049	—	0.012	—
平　均　値		0.075	0.063	0.053	0.043

MHzの距離振幅特性を比較したものであるが，屈折角70°の場合，ビーム路程300 mm（板厚約100 mm）では，2 MHzの方が5 MHzに比べて，減衰量が約10 dB少ないことがわかる．

エレクトロスラグ溶接部は被覆アーク溶接，ガスシールドおよびセルフシールドアーク溶接に比較して，溶接金属の結晶粒が大きいので音波の減衰が大きい．エレクトロスラグ溶接部の減衰定数に関する実験[1]では，周波数5 MHzの方が2.25 MHzよりも40〜50％音波の減衰が大きい結果となっている〔表4.1参照〕．

4.1.3 屈折角および測定範囲の選定

測定範囲が大きくなると，時間軸の読取り精度が悪くなったり，欠陥の長さが的確に評価できない場合を生じるので，測定範囲はできるだけ250 mm以下とすることが望ましい．

公称屈折角70°または65°の探触子は，X形開先やK形開先等に生じる溶込不良の検出に有効であり，他の種類の欠陥に対しても45°の探触子と比較して劣ることはない．したがって，本規準では70°または65°の探触子を用いることを標準とした．図4.3は被検材の板厚と70°，65°，45°の探触子の0.5スキップのビーム路程の関係を示したものである．0.5スキップのビーム路程が250 mmとなる板厚は，70°の探触子では板厚85.5 mm，65°の探触子では板厚105.6 mmである．したがって，板厚が75 mmを超える場合には，屈折角65°と45°を併用することとした．

板厚中央に存在する探傷面に垂直な内部欠陥を検出するためには，斜角探傷における屈折角θをできるだけ大きくして欠陥面に垂直入射させる必要があるが，屈折角$\theta \geq 75°$になると超音波が材料内部に伝搬せずに表面波となって実質的な感度が低下するため，屈折角70°の探触子が用いられているのが現状である．なお，板厚が厚い場合，板厚に垂直な欠陥面に屈折角$\theta = 70°$の超音波が伝搬した場合には入射角$\phi = 20°$，屈折角$\theta = 45°$または$\theta = 65°$では，それぞれ入射角$\phi = 45°$または25°で入射することになる．

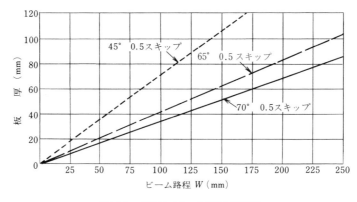

図4.3 板厚とビーム路程の関係

[注] 1) 仲 威雄，加藤 勉，藤盛紀明，浜野公男，沖本 弘：消耗ノズル式エレクトロスラグ溶接の超音波探傷時の音波の減衰に関する実験的研究（その1〜その3），日本建築学会大会学術講演梗概集，1974.10

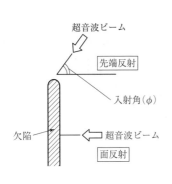 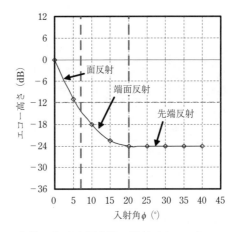

図 4.4　欠陥への超音波の入射　　　　図 4.5　欠陥における超音波の反射パターンとエコー高さ

　図 4.4 のように超音波が欠陥面に入射するとき，欠陥面に垂直入射しない場合の欠陥からのエコー高さは，図 4.5 に示すように，欠陥面への入射角 ϕ が大きくなるに従って徐々に低下し，欠陥面への入射角 $\phi > 20°$ ではほぼ一定となり，欠陥から得られる最大エコー高さ，欠陥の先端形状から得られるエコー高さ（端部エコーによるエコー高さ）のみが支配的になることが知られている[2),3)]．本規準では，A2 形系 STB における $\phi 4 \times 4$ mm を基準として，L 検出レベルを規定している．これは，割れ，溶込不良などの溶接部の強度を著しく低下させるような有害な溶接欠陥を検出するためである．

　したがって，斜角探触子を選定する際には，種々の探傷条件を考慮して，最も合理的な探触子を選定することが重要である．

4.1.4　装置の調整

　装置の調整には A1 形 STB あるいは A3 形系 STB のいずれかを用いればよいことにした．ただし，一連の装置の調整は A1 形 STB，A3 形系 STB のどちらか一方を使用し，両者を混用することは避けなければならない．振動子寸法 14 mm×14 mm のものに関しては，STB-A1 または STB-A32，20 mm×20 mm のものに関しては，STB-A1 を用いなければならない．なお，STB-A3 または STB-A31 を用い測定範囲が 125 mm を超える場合は，以下に示す方法で行うと良い精度で調整可能である．

　STB-A3 または STB-A31 により通常の入射点測定の手順に従い，50R 面のエコーのピークが得られた位置に探触子を止める．探傷図形を注視しつつ，探触子のビーム方向がごくわずかに左方に向くように探触子をひねって，図 4.6（a）が同図（b）のように 50R 面の 3 回目のエコーがはっきり認められる程度にする．1 回目のエコーは 50 mm，3 回目のエコーは 150 mm に相当

[注] 2)　小倉幸夫：超音波斜角探傷における傷の傾きの影響—帯状欠陥—，非破壊検査，27 巻，2 号，pp. 114-115，1978.2

　　　3)　小倉幸夫：超音波斜角探傷における傷の傾きの影響—円形平面傷—，非破壊検査，27 巻，7 号，pp. 389-398，1978.7

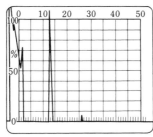 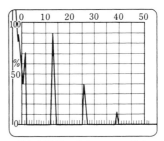

(a) 探触子をまっすぐに置いた場合　　(b) 探触子の首をひねった場合

図4.6　測定範囲が125 mmを超える場合のA3形系STBによる時間軸の調整法

するので，2つのエコーの間隔は100 mmである．3回目のエコー高さを30～50％にゲイン調整し，測定範囲に応じて，1回目と3回目のエコーの間隔が100 mmになるように調整する．

次に探触子の向きを正しく50R面に向く方向に戻し，再び入射点を読み取り，そのままの状態で50R面の2回目のエコー高さが，50％程度になるようにゲイン調整する．その後，掃引遅延（パルス位置，部分拡大など）を調整し，50R面の2回目のエコーが100 mmの位置になるようにして原点修正を行う．

このような調整を行うことで，測定範囲の調整誤差を抑えることができる．

（1）　入射点位置の特定

　　入射点は，探触子溶接部距離および屈折角測定の基準となるので，できる限り正確にその位置を求めておく必要があり，1 mm単位で読み取ることとした．しかし，探触子のガイド目盛の1/2程度の精度を目標とすることが望ましい．

（2）　時間軸の調整および原点の修正

　　時間軸は超音波の進んだ距離を示すものであり，欠陥位置の推定に重要な役割を果たすものである．特にルート部の欠陥の判定にあたっては，微小な値の違いで欠陥かどうかの判断を要求されるので，正確な調整を必要とする．

　　本規準では，選択した測定範囲に対して±1％の精度と規定したが，これは，たとえば測定範囲250 mmの場合，フルスケール250 mmで誤差が±2.5 mm以下に調整することを示している．したがって，実際に調整を行う場合を考えると，A1形STBを用いて1回目と2回目のエコーそれぞれが規定の100 mmおよび200 mmの位置に現れるように原点の調整をすることが重要である．

（3）　屈折角の測定

　　屈折角は時間軸の調整と同様に欠陥の位置を推定するのに重要であるので，できる限り正確に測定する必要がある．そのため，屈折角は少なくとも0.5°の単位まで読み取る必要があり，できれば0.1°の単位まで読み取ることが望ましい．

以上で入射点の測定，時間軸の調整および屈折角の測定について，その方法および精度について述べてきたが，これらが総合的によく調整されているかどうかを判定するための方法を以下に示す．

A1形STBを用いて屈折角 θ を測定したときに，$\phi50\,mm$ からのエコーのビーム路程 W と屈折角 θ との間には次のような関係が成立する〔図4.7参照〕．

探触子の公称屈折角 45° の場合
$$(W_\theta + 25)\cos\theta = 70 \text{ (mm)} \tag{4.1}$$

探触子の公称屈折角 70° の場合
$$(W_\theta + 25)\cos\theta = 30 \text{ (mm)} \tag{4.2}$$

装置がよく調整されていれば，時間軸上の所定の位置にエコーが現れる．エコーが所定の位置に現れないときには，入射点の測定，時間軸の調整，または屈折角の測定のいずれかの調整精度が悪いことを示している．ビーム路程が1mm以上ずれているときには，再度測定または調整する必要がある．

前記の総合調整を行った場合の実例を以下に示す．公称屈折角70°の探触子で入射点の測定，時間軸の調整を行い屈折角の測定を行ったところ69°であった．(4.2)式より，
$$W_{69} = 30/\cos 69° - 25 = 58.7 \text{ (mm)}$$

測定範囲が 200 mm とすると，この探触子で A1形 STB の $\phi50\,mm$ エコーが 58.7 ± 1，すなわち 57.7～59.7 mm の間に現れていれば，装置の調整はよいことになる．

A3形系STBのうち，STB-A3による場合は以下に示す関係が成立する〔図4.8参照〕．

探触子の公称屈折角 45° の場合
$$(W_\theta + 4)\cos\theta = 38.2 \text{ (mm)}$$

探触子の公称屈折角 70° の場合
$$(W_\theta + 4)\cos\theta = 18.5 \text{ (mm)}$$

この場合にも1mm以上ずれているときには，測定・調整のやり直しを行う必要がある．

公称屈折角 65° の測定方法については，STB-A1，A31またはA32を使用することを原則とする．なお，STB-A3を用いて，図4.9における $\phi8\,mm$ 貫通穴の最大エコーによる Y 距離を測定し，表4.2から STB 屈折角を求めてもよい．

4.1.5 エコー高さ区分線の作成および探傷感度の調整に用いる試験片の選定

本規準で斜角一探触子法でエコー高さの対比の基準となるものを，A2形系STB，A3形系STBの $\phi4\times4\,mm$ の標準穴としている．しかし，板厚75mmを超える場合は，使用するビーム路程が長くなるので，A2形系STB，A3形系STBでは実用上エコー高さ区分線の作成が困難

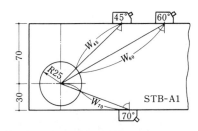

図4.7 A1形STBによる入射点・時間軸・屈折角の総合チェック

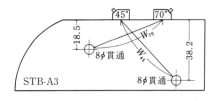

図4.8 A3形系STBによる入射点・時間軸・屈折角の総合チェック

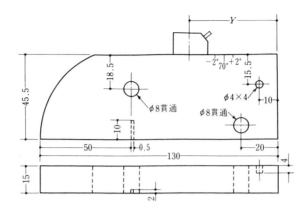

図 4.9 STB-A3 による公称屈折角 65° の STB 屈折角の測定方法

表 4.2 STB-A3 を用いた Y 距離による STB 屈折角

STB 屈折角 θ (°)	63.0	63.5	64.0	64.5	65.0	65.5	66.0	66.5	67.0
端面から入射点までの距離 Y (mm)	43.7	42.9	42.1	41.2	40.3	39.4	38.4	37.5	36.4

となる．

　したがって，板厚 75 mm を超える場合のエコー高さ区分線の作成および探傷感度の調整はともに対比試験片（ARB，RB-41A，RB-41B または RB-42）を用いることとしたが，その場合の対比試験片の横穴と A2 形系 STB，A3 形系 STB の標準穴（φ4×4 mm）では感度差があるので，その分の感度補正を行っている〔4.1.9（2）参照〕．また，鋼管の円周継手溶接部の探傷では，距離振幅特性曲線が平板の場合と傾向が異なるので，RB-A6 または RB-42 によりエコー高さ区分線の作成および探傷感度の調整を行うか，A2 形系 STB を用い付 4. の指針を適用して，探傷感度を調整できることとした．

4.1.6 距離振幅特性曲線によるエコー高さ区分線の作成

（1）　同じ大きさの欠陥でも距離が異なればエコー高さが変化する．そのため，異なったビーム路程においても同じ水準でエコー高さが評価できるように，標準試験片または対比試験片の標準穴を用いて距離振幅特性曲線を作成する．

　　　また，本項（6）で後述するように，ある範囲のエコー高さを領域に区分するために，エコー高さ区分線をこの距離振幅特性曲線により作成する．

（2）　公称周波数・振動子寸法・公称屈折角が同一表示記号の探触子でも，必ずしも距離振幅特性が一致しない場合もあるので，距離振幅特性曲線は使用する探触子によって作成することにした．

　　　ただし，同一表示記号の探触子であらかじめエコー高さ区分線を作成しておき，使用時にチェックを行い差異が認められなければ，そのつど作成する必要はない．

（5） 最短ビーム路程のプロット点より手前は，特性が明らかではないので同じ高さとした．屈折角 45°の探触子で A2 形系 STB の φ4×4 mm の標準穴の場合，0.5 スキップのエコー高さは不感帯や近距離音場などとの関連でエコー高さの信頼性がないと考えられるので，1 スキップから手前は 1 スキップのエコー高さと同じとした．

（6） エコー高さ区分線は，4.1.8 でエコー高さを 5 つの領域に区分するために最小限 4 本は必要である．しかし，ビーム路程の大きいところでは，それぞれの区分線が全体として低くなり上下の間隔も狭くなるため，領域の区分が不明瞭になる．そのためビーム路程によっては，さらに高い区分線を必要とするもので，エコー高さ区分線の作成に必要な距離振幅特性曲線は 4 本以上とした．

4.1.8 エコー高さの領域

本規準では，L 線を超えるエコー高さのものを異常部として検出し，欠陥指示長さの測定に L 線を用いる〔4.1.11，4.1.12〕．したがって，L 線が表示画面の基線に近い位置にあると，エコー高さが鈍感になり，測定結果の信頼性が劣る．そのため，本規準では L 線の高さが 10 % 以下にならないよう，すなわち H 線の高さが使用するビーム路程の範囲で 40 % 以下にならないことを条件とした．

図 4.10 に H 線の選び方の例を示す．この例ではビーム路程 85 mm で H 線が 40 % となるので，使用するビーム路程がこれより小さい場合は，図 4.9（a），大きい場合は同図（b）に示すように H 線を選び領域区分を行えばよい．

4.1.9 探傷感度

探傷感度は，使用する標準試験片または対比試験片と探触子の表示記号ごとに調整する．なお，使用する試験片に比べて被検材の表面が粗い場合，減衰が著しい場合ならびに超音波の伝達効率に差がある表面状態の材料の場合には，探傷感度を補正する．

外径 300 mm 以上 500 mm 以下の鋼管の円周継手の探傷感度の調整は，RB-A6 により行うこととなっていたが，実験により A2 形系の STB を使用して探傷感度の調整が簡便にできる旨の指針[4]が発表されている．この指針では，外径 100 mm 以上 500 mm 以下の円周継手における探傷感度の補正量が定められている．RB-A6 で厚板の感度調整をした場合，探傷感度が極めて高

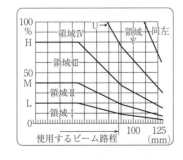
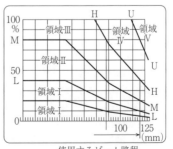

（a）使用するビーム路程が小さい場合　　（b）使用するビーム路程が大きい場合

図 4.10　H 線の選び方と領域区分例

くなることが指摘されていたこともあり，A2形系STBによる感度調整法の指針を本規準の付4として記載した．

遠心力鋳鋼管の超音波の減衰は一般圧延鋼材とほとんど差はないが，探傷面および内面の表面粗さと管の曲率の影響を受け探傷感度は低下する．遠心力鋳鋼管の探傷面および内面を100 μmRz程度に仕上げた場合には，A2形系STB，A3形系STBまたはARBを用いて探傷感度を調整したのち，感度補正を行う．感度補正は，面の粗さによる補正として一律に6 dB感度を上げる．また，遠心力鋳鋼管の曲率による補正は，直径（外径）が300 mm以上400 mm未満の場合には2 dB，直径が400 mm以上500 mm以下の場合には1 dB感度を上げる[5]．

角形鋼管角部は探傷面の曲率が小さく，本規準およびJIS Z 3060の適用から外れる．なお，この部分は溶接施工上から溶接始終端部の位置となることがあり，また裏当て金の密着不良などから溶接欠陥が発生しやすい箇所であることから，適正かつ合理的な検査方法として付2.「角形鋼管溶接角部の超音波探傷試験方法」（NDIS：2432）[6]が刊行されている．角形鋼管角部の感度補正量について，文献[7]では5M10×10A65または5M5×10A65を用いても，5M10×10A70と同様に探傷可能であることが報告されている．なお，角形鋼管溶接部は閉鎖断面となることから，通常は裏当て金付T継手で施工されることが多く，裏当て金付T継手で最も発生頻度の高い初層部の溶込不良の判別を容易にするため，付3.「裏当て金付完全溶込み溶接T継手のルート部からのエコー判別方法」（NDIS：2433）[8]が刊行されている．

角形鋼管角部の超音波探傷検査は，下記の方法により行なう．

① 探触子の接触面には曲面加工は行わない．
② 接触媒質の塗布は，薄く一様に塗布する．
③ エコー高さ区分線は，A2形系STBの$\phi 4\times 4$ mmにより作成する．
④ A2形系STBまたはA3形系STBの$\phi 4\times 4$ mmのエコー高さを屈折角70°ではH線，屈折角65°ではM線に合わせた後，表4.3に示す感度補正を行い，これを探傷感度とする．
⑤ 探傷は外面から原則として直射法および一回反射法により行う．
⑥ 探触子の走査は図4.11に示すように探触子の音軸方向と角部の法線方向が一致するように探触子の向きを管軸方向に向け，探触子の幅の中心を接触させて行う．

（1） A2形系STB，A3形系STBまたはRB-A6による場合

[注] 4) CIW検査業協会　技術委員会：探傷感度の調整にA2形系標準試験片を用いた鋼管円周継手の超音波探傷試験法に関する指針（2013年改定），2013
5) 赤井純一，迫田　豪，松ノ尾明正：Gコラム溶接継手超音波探傷に関する鋳肌表面粗さ及び表面曲率の影響について，NDI資料，No.21093，1986.1
6) 日本非破壊検査協会：角形鋼管溶接角部の超音波探傷試験方法（2018年制定）．
7) 笠原基弘，的場　耕，中込忠男：角形鋼管柱梁溶接角部の超音波探傷試験に関する実験的研究，日本建築学会大会学術講演梗概集，pp.861-864，2007.8
8) 日本非破壊検査協会：裏当て金付完全溶込み溶接T継手のルート部からのエコー判別方法（2018年制定）．

表 4.3 感度補正

曲率半径の標準値	板厚（mm）	感度補正量（dB）	
		公称屈折角 70°	公称屈折角 65°
2.5 t	6 以上 22 以下	+10	
	22 を超え 28 以下	+4	+6
3.5 t	9 以上 22 以下	+4	
	22 を超え 40 以下	0	

［注］t：板厚

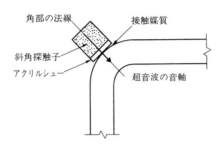

図 4.11　探触子の走査

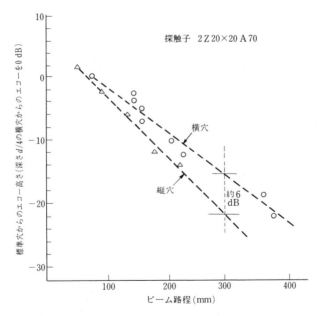

図 4.12　距離振幅特性によるエコー高さの減衰（横穴と縦穴との比較）

　公称屈折角 45°，65° または 70° の斜角探触子を使用して横穴と縦穴を探傷した場合に，それぞれの反射率は横穴ではともに 100 % であるが，縦穴では 45° が 100 %，65° が 25 %，70° が 50 % である〔2.2.1 参照〕．したがって，縦穴（A2 形系 STB，A3 形系 STB，$\phi 4 \times 4$ mm

の標準穴）により感度調整を行い，横穴を探傷した場合に，そのエコー高さを 45°と 65°または 70°で同じになるようにするには，45°の方を 70°よりも約 6 dB 感度を上げ，65°では 70°よりも約 6 dB 感度を下げておく必要がある．上述の理由により 70°の探触子では H 線に，65°では M 線に，また 45°の探触子では U 線に合わせることにした．

（2） ARB または RB-42 による場合

探傷感度の調整は，A2 形系 STB，A3 形系 STB による場合も，ARB による場合も同等の感度であることが望ましい．図 4.12 は，A2 形系 STB，A3 形系 STB の標準穴（縦穴 $\phi 4\times 4$ mm）と ARB の標準穴（横穴 $\phi 3.2$ mm）とのエコー高さを比較したものである．これによると，屈折角 70°の場合ビーム路程 300 mm では，ARB の標準穴からの反射エコーの方が，約 6 dB 高くなる．したがって，探傷感度の調整を A2 形系 STB，A3 形系 STB と ARB とでほぼ同一のレベルとするために，ARB による場合はエコー高さを U 線に合わせることとした．

4.1.10 探傷面

（1） 突合せ継手の探傷

超音波探傷法の特徴として，超音波が進む方向に対して直角またはそれに近い面をもつ欠陥に対しては高い検出能力を示すが，面が直角からずれるに従い検出能力は落ちてくる．このため，1 方向からだけの探傷では欠陥を見落とす場合もある．また，建築溶接部に多いレ形開先裏当て金付溶接のルート部は，溶込不良が発生しやすい．この位置に現れたエコーが欠陥かどうかの判定は探触子溶接部距離，ビーム路程，エコーの分離，探触子の走査方法などにより行うが，確実な方法として溶接部を挟んで両側から探傷を行うことがあげられる．この場合両方からエコーが検出されれば，溶込不良の可能性が高い．

以上の理由により，本規準では，溶接部を挟んで両側から探傷を行うことにした．なお，板厚および走査範囲を考慮して，両面から探傷する場合には $0.5S+\alpha$ の範囲で行ってもよい〔図 4.13 参照〕．

（2） T 継手および角継手の探傷

2 方向から探傷を行うことを原則として，両面片側から探傷することにした．しかし，部材の形状，溶接工程上の都合などで裏面から探傷できない場合もある．この場合は，直射法と一回反射法の併用はもちろんのこと，標準として使用した屈折角以外の探触子を併用するなどして，欠陥からの情報をできるだけ多く得るのが望ましい〔図 4.14 参照〕．

また，建築溶接部では，梁端部にカバープレートが用いられることがあるが，この場合は図 4.15 に示すように，カバープレート側から主として溶接部の表側の部分，梁フランジ側から主としてルート部を探傷することになる．カバープレート・梁フランジの板厚，裏当て金の寸法によっては，直射法と一回反射法を併用しても，溶接部全域を探傷することが難しいことが多い．このような場合には，カバープレートの取付け施工前と施工後に分けて検査しなければならない．

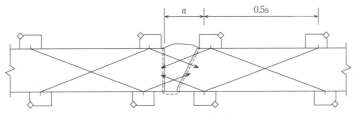

図 4.13 両面両側探傷

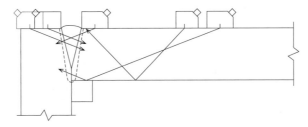

図 4.14 フランジ端面からの探傷も含めた例

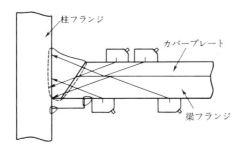

図 4.15 カバープレート付き T 継手の探傷

4.1.11 予備探傷

(1) 感度の調整

予備探傷は,欠陥の検出を目的として行う探傷であり,欠陥の見落しを防ぐため,4.1.9 に規定した探傷感度よりもゲインを上げてもよい.ゲインを上げる場合は,一般に 6 dB 上げる場合が多いが,雑エコーが多く出て探傷の支障となる場合はこれにこだわる必要はない.

(2) 走査方法および探傷面

斜角一探触子法の標準的な走査方法を以下に示す.予備探傷には (a), (b), (e), (f) のうちいずれかの方法を適用し,規定探傷には (b) および必要に応じて (c), (d) の方法を適用するのがよい.

(a) ジグザグ走査

図 4.16 に示すように探触子をジグザグに走査する方法.走査範囲は原則としてビードに接近する位置から,1スキップの距離以上とする.図 4.17 に示すように,走査範囲をいくつかに分割してもよい.

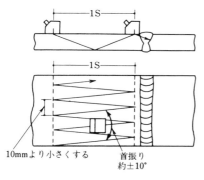

図4.16 ジグザグ走査

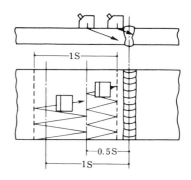

図4.17 走査範囲を分割したジグザグ走査

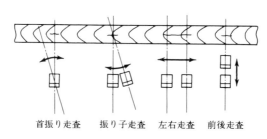

図4.18 斜角探触子の基本走査

（b） 左右走査および前後走査

　　図4.18に示すように，左右走査は，探触子溶接部距離を一定にして探触子を溶接線に平行に走査する方法であり，前後走査は，探触子を溶接線に直角方向に走査する方法である．これらの走査方法は，予備探傷および予備探傷により検出した異常部のエコーの最大値を見出すため，および欠陥の位置と大きさを推定するために行う．また，欠陥エコーと妨害エコーの判別のためにも行う．

（c） 首振り走査

　　図4.18に示すように，入射点を中心にして探触子を回転し，走査する方法．欠陥の方向性および形状を推定するために必要に応じて行う．

（d） 振り子走査

　　図4.18に示すように，探触子を欠陥を中心とする円周上を中心に向けて移動する走査方法．欠陥の方向性および形状を推定するために必要に応じて行う．

（e） 横方形走査

　　図4.19（a）に示すように探触子を走査する方法．溶接部の全断面を探傷するためには，走査間隔は探触子における高さ方向の有効ビーム幅以下とし，走査範囲は1スキップ距離以上が必要である．

（f） 縦方形走査

　　図4.19（b）に示すように探触子を走査する方法．溶接部の全断面を探傷するために

は，走査間隔は探触子に使用されている振動子の幅の1/2以下とし，走査範囲は1スキップ距離以上が必要である．

(3) 異常部の検出

図 4.20 に自然欠陥を探傷した場合のエコー高さの範囲を示す[9]．同図によると，欠陥の種類によってエコー高さの下限にばらつきが見られるが，L 検出レベルでは，一部の欠陥以外

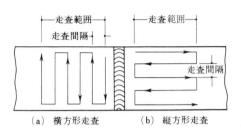

図 4.19 横方形走査および縦方形走査

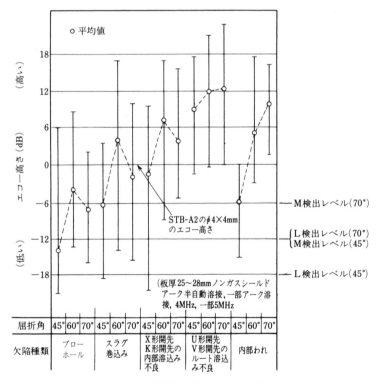

図 4.20 溶接自然欠陥とエコー高さ

[注] 9) 日本鋼構造協会関西地区委員会スタディーグループ「SAWED」：建築物の溶接接合部における欠陥の評価に関する研究，仙田富男・藤盛紀明：超音波斜角探傷試験による溶接欠陥の定量化，JSSC, Vol. 12, No. 124, 1976

はほぼ検出できる．L検出レベルで検出されない欠陥は，一般に欠陥高さおよび欠陥長さが比較的小さい欠陥であると考えられるため，本規準では，L線を超えるエコーを異常部として検出することとした．

(4) 異常部の判定

表示画面上に現れたエコーの中で，その高さがL線を超えるものを異常部と称したが，これらがすべて溶接欠陥であるとは限らない．建築溶接部では裏当て金が用いられることが多く，たとえば図4.21に示すように，裏当て金のコーナー部から妨害エコーが発生することがある．その他溶接部の開先形状により独自の妨害エコーを発生することもあるので，探触子の位置，屈折角，ビーム路程と実際の溶接部の幾何学的形状を照らし合わせて，異常部が溶接部の欠陥か妨害エコーかの判定を行う必要がある．裏当て金付T継手のルート部における溶接金属のたれ込みと溶込不良の判別手法には，（1）探傷幾何学に基づく手法と（2）NDIS：2433による手法がある．前者は探触子溶接部距離とビーム路程により算出された反射源位置が板厚内かつ溶接部内にある場合を欠陥とするもので，一般的に使われている手法である．後者による手法は，精細な反面やや複雑な探傷作業となる．したがって，上記のいずれの手法によるか，またはどのように使い分けるかなどを関係者間で協議し，工事に先立って作成される超音波探傷検査要領書に明記することが望ましい．NDIS：2433は，指定がある場合のほか，指定がない場合でも検査技術者間で判定に差異や疑義が生じたときには，次のような手順で適用されたい．

① 本規準に規定された探触子を用いた探傷で，板厚を超える判別対象範囲内で領域Ⅱ以上のエコーが検出されたら，異常部としてマークする．

② そのままの探触子で探傷データ（X，Y，W），領域，欠陥指示長さを測定する．

③ ①でマークした異常部がすべて欠陥エコーであると仮定し，②のデータを用いて仮の合否判定を行う．この結果で合格と判定された場合は，異常部は欠陥部ではないと判定する．

④ 不合格となる場合は，不合格と仮判定された異常部が欠陥か否かを，NDIS：2433に規定された方法（斜角判別法またはSH判別法のいずれかを選択）に基づいて判定する．

⑤ ④で異常部が欠陥と判定された場合は，②の探傷データを用いて本溶接部の最終的な合否を行う．妨害エコーの場合は，②の探傷データを廃棄する．

大入熱溶接法や高能率溶接法などを用いた場合，箱形断面柱のエレクトロスラグ溶接や角

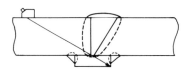

図4.21 裏当て金のコーナー部からの妨害エコー

4章 斜角探傷法

溶接近傍の母材部の欠陥（以下，母材部欠陥という）が斜角探傷試験によって検出されることがある．この場合，母材部欠陥と溶接欠陥をどのように判別するか，また，母材部欠陥および溶接欠陥をどのような方法・規準で探傷すればよいかなどが問題となることがある．このため，本規準では上記の場合の代表的な探傷方法を示すこととした．

図 4.22 は，箱形断面柱の角継手溶接部を斜角探傷している時に溶接部近傍に母材部欠陥などからのエコーが検出された場合の探傷方法である．このフローでは，まず図 4.23 に示

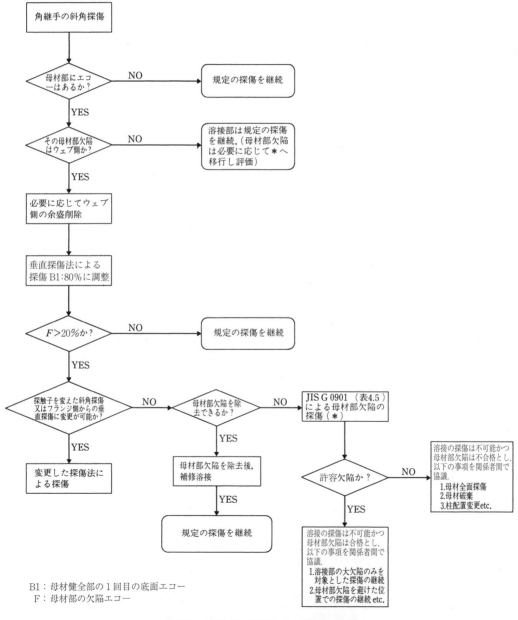

B1：母材健全部の1回目の底面エコー
F：母材部の欠陥エコー

図 4.22　異常部の判定における探傷方法

す探傷範囲を基準にして，検出されたエコーが母材部欠陥であるか溶接欠陥かを判定する．異常部のエコーが溶接欠陥と判定された場合は，規定の斜角探傷により評価する．また，母材部欠陥と判定された時でもその発生位置がフランジ側となる場合は，斜角探傷の障害とはならないので規定の探傷を継続する．母材部欠陥がウェブ材側（開先加工がされた側）に存在する場合は，必要に応じて角継手の溶接部の余盛を削除して平滑に仕上げた後，この面から表4.4に基づく垂直探傷を行い，斜角探傷時の障害になるかどうかを判定する[10]．欠陥エ

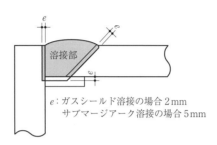

図4.23　角継手溶接部の探傷範囲

表4.4　探傷の障害となる母材欠陥の探傷方法

項　目	内　容
探傷方法	垂直探傷法
使用探触子	$t≦60$ mm；5 MHz $\phi20$ mm $t>60$ mm；2 MHz $\phi30$ mm
探傷感度	健全部の第1回底面エコー高さが80％となるようにする
探傷範囲	溶接部の探傷時に超音波の通過する部分の母材部
欠陥範囲の測定	欠陥エコー高さが20％を超えるものについて，エコー高さが20％まで低下するときの探触子の中心間距離で測定する

表4.5　溶接部の超音波探傷における母材部の欠陥に対する鋼板の判定基準の適用方法

項　目	内　容
1．探傷箇所	図4.24に示す探傷線上とする
2．欠陥の評価方法 　2.1 代表欠陥	・図4.24に示すように，探傷線を50 mmの線上に区分し，各区分の最大きずエコー高さを示す欠陥をその区分を代表する欠陥とし，JIS G 0901の表5または表6の表示記号を用いる
2.2 換算欠陥区分数	・JIS G 0901の本文どおり
2.3 局部占積率	・換算欠陥区分数の全区分数に対する割合を求め，これを局部占積率（％）とする
3．判定基準	局部占積率が15％以下となる場合を合格とする
4．溶接補修	超音波探傷試験で不合格となった箇所の処置は，関係者間の協議による

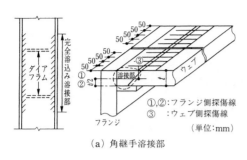 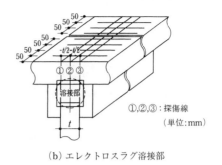

（a）角継手溶接部　　　　　　　　　　　　（b）エレクトロスラグ溶接部

図 4.24 探傷箇所および局部占積率を求めるための分割方法

コー高さが 20％を超えて斜角探傷の障害となると判定された場合は，規定外の斜角探触子（周波数や屈折角を変更）による探傷が可能か否かまたフランジ側からの垂直探傷に変更が可能か否かを検討する．探傷方法の変更が可能である場合は，その方法により評価を行い，不可能ならば斜角探傷の障害となる母材部欠陥を適正な方法により除去できるか否かを検討する．母材部欠陥を除去することが可能ならば，補修溶接後に規定の斜角探傷を行う．除去できない場合は，溶接部の斜角探傷は不可能と結論するとともに溶接部以前に鋼材自体の品質に異常があるとして，表 4.5 に示すような JIS G 0901 を適用して母材部欠陥を評価する．ここで，母材部欠陥が JIS G 0901 で合格と判定される場合は，母材部欠陥を避けた位置での部分的な探傷や溶接部の大欠陥のみを対象とした探傷の可否などについて，また，不合格欠陥となる場合は，柱材を対象とした母材部の全面探傷，母材破棄などについて関係者間で協議することとした．

上記に示した異常部の判定方法は，柱梁溶接部にも適用可能である．

4.1.12　規定探傷

規定探傷は本文（1）〜（6）に示す手順で行われるが，同一欠陥に対して直射法・一回反射法，または溶接部をはさんで両側あるいは両面から探傷を行った場合，エコー高さおよび欠陥指示長さが異なることが多い．このような場合は，最も高いエコー高さおよび最も長い欠陥指示長さを当該欠陥のエコー高さおよび欠陥指示長さとする．

ここで，同一欠陥とは，下記の（a）または（b）の条件を満足する欠陥のことをいう．

（a）　同一探傷面かつ同一探傷方法（直射法か一回反射法のいずれか）の場合

　　図 4.25 に示すように L 線を超える 2 つ以上の欠陥エコーが現れた場合は，近接するエコーのビーム路程差 ΔW が最大となるように前後走査し，その近接する欠陥エコーの最大ビーム路程差 ΔW が 2.0 mm 未満であるときは，これらを同一欠陥と判定する．

（b）　探傷面または探傷方法（直射法と一回反射法）が異なる場合

　　検出された欠陥が，以下の①，②の条件〔図 4.26 参照〕をすべて満足する場合は，こ

［注］　10）　NDI 202 小委員会：鋼溶接部の超音波探傷において探傷の障害となる母材の欠陥の取扱いに関する 202 小委勧告（案），NDI 資料 2670，1978

図 4.25 同一探傷面かつ同一探傷方法（直射法か一回反射法のいずれか）の場合の同一欠陥の判定

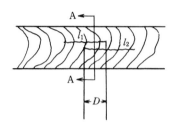 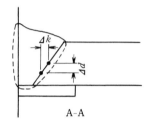

図 4.26 探傷面または探傷方法（直射法と一回反射法）が異なる場合の同一欠陥の判定

れらを同一欠陥と判定する．
① Δd および $\Delta k \leq$ 表 12 に示す欠陥指示長さの最小値
② $D \geq l_1/2$（ただし，$l_1 \leq l_2$）

（3） エコー高さの測定

比較的ビーム路程の小さな範囲で，エコー高さが表示画面上で 100％ を超える場合は，そのエコーがどの領域に属するか直読できない．この場合はゲインを 6 dB 下げて，その状態での領域を読めば 1 つ上の領域が実際の領域となる．ゲインを 6 dB 落としても，まだエコー高さが 100％ を超える場合は，さらにゲインを 6 dB 下げる．その状態でのエコー高さの領域の 2 つ上の領域が実際の領域となる．

また，4.1.7 で H 線は原則として，欠陥エコーの評価に用いられるビーム路程の範囲で，高さが 40％ 以下にならないように規定している．H 線の高さが 20％ の位置では，L 線は 5％ になり，検出したエコーの判定の要否が微妙になる．このような場合には，ゲインを 6 dB あるいは 12 dB 上げて，領域とエコー高さ区分線をそれぞれ 1 つまたは 2 つ下げて読み替え，判定を行えばよい．

（5） 欠陥指示長さの測定

（a） 走査方法

円形鋼管柱と H 形鋼梁フランジとの接合のように溶接線が曲線の場合は，図 4.27 に示すように，溶接線にならった欠陥指示長さを求めるのが普通であるので，振り子走査を行うことを明記した．また，欠陥が傾きをもつような場合は，左右走査の定義にこだわらないで，できる限り欠陥の実際の長さがわかるような走査を行うほうがよい．

（b） 測定方法

欠陥指示長さの測定方法として，最大エコー高さにかかわらず L 線カット法を適用す

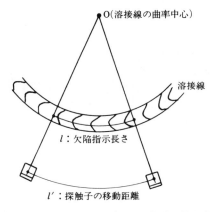

図 4.27 溶接線が曲線の場合の探触子の移動距離と欠陥指示長さ

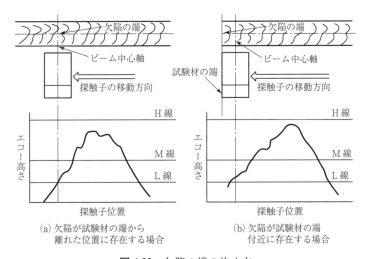

図 4.28 欠陥の端の決め方

ることにしている.

なお,欠陥の端の決め方は,図 4.28(a)に示すように,欠陥からのエコー高さがL線の高さと一致する探触子におけるビーム路程の中心軸上の欠陥位置を欠陥の端とする.ただし,欠陥が被検材の端付近に存在すると推定される場合で,探触子の側面が被検材の端に一致する探触子位置においても,なお,欠陥からのエコー高さがL線を超えていれば,図 4.28(b)に示すように被検材の端を欠陥の端と見なすこととした[11].被検材の端と探触子の側面が一致するとき,被検材の端から探触子中心までの距離(探触子幅の1/2)は,振動子の幅寸法が 5 mm のものでは 6 mm,10 mm のものでは 7 mm,14 mm のものでは 9 mm,20 mm のものでは 12 mm となっている.したがって,被検材の端に探

[注] 11) 日本非破壊検査協会:溶接部の斜角探傷試験における欠陥指示長さの測定方法に関する 202 小委員会勧告,pp.1-3 1977.6

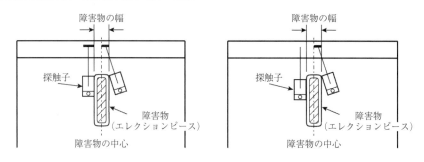

（a）障害物の両側でエコーが検出される場合　　（b）障害物の片側でエコーが検出される場合

図 4.29　障害物がある場合の欠陥の検出例

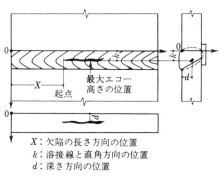

X：欠陥の長さ方向の位置
k：溶接線と直角方向の位置
d：深さ方向の位置

図 4.30　欠陥位置の表示方法

触子の端が一致している場合でエコー高さがL線を超えて存在しているときには，欠陥指示長さは探触子幅の1/2未満のものは存在しないことになる．

また，図4.29のようにスカラップやエレクションピース近傍は，探触子が溶接線方向に走査できない．この場合，探傷可能領域においては，障害物の端を被検材の端とした欠陥指示長さとする．また，障害物により探傷が困難な範囲においては，障害物の中心に向けて斜め平行走査を行い，欠陥の存在の有無を確認する．エコー高さがL線を超えた場合，障害物の中心から端までは障害物の半分の幅の欠陥があるものとして，欠陥指示長さを評価する．

（6）　欠陥位置の表示

図4.30に示すように欠陥の長さ方向の位置は，欠陥指示長さの起点（探傷の都合で決めた座標の数値の若いほう）で示し，溶接部と直角方向および深さ方向の位置は，最大エコー高さを示す位置で表示することにした．なお，同一欠陥を複数の探傷方向から探傷した場合の欠陥位置は，それらのなかで最も高いエコー高さを示す位置で表示するものとする．

角形鋼管溶接角部における欠陥指示長さの測定については，NDIS：2432に準じて表示する．

4.2 タンデム探傷法

4.2.1 適用範囲

　タンデム探傷法は，狭開先溶接部の開先面の融合不良および溶込不良を探傷する場合に適用する．また，探傷はタンデム基準線を基に，探傷治具を使用して1探傷断面ごとに行う．

4.2.2 一般事項

　タンデム探傷法に関する事項で，この規準に規定する以外の事項は，JIS Z 3060 による．

（1）　タンデム参照線

　探傷を実施する溶接部の探傷面上には，溶接に先立ち開先面から一定の距離にタンデム参照線をマークする．

（2）　タンデム探傷不能領域および溶接金属内の探傷方法

　タンデム探傷不能領域および溶接金属内は，斜角一探触子法により探傷を行う．

　タンデム探傷法は，探傷面に対して垂直な面をもつ欠陥を有効に検出できる検査方法で，同一周波数，同一屈折角の2個の探触子の一方を送信用，他方を受信用とする探傷方法であり，鋼構造建築の分野では狭開先（Ⅰ形開先）溶接部に適用されてきた．現在では狭開先溶接（Ⅰ形開先）を行うことはまれであるが，既存の鋼構造建築で狭開先溶接（Ⅰ形開先）が使用されているものを超音波探傷試験により検査する場合には，このタンデム探傷法を適用することが望ましく，その場合には JIS Z 3060 を参照されたい．

5章　垂直探傷法

5.1　適用範囲

> 垂直探傷法は，斜角探傷法の適用が困難な溶接部の欠陥検出およびエレクトロスラグ溶接で施工された箱形断面内のダイアフラム溶接部の溶込み幅の測定に適用する．

垂直探傷法は，図5.1に示すT継手・角継手において，接合する（イ）材の表面上に垂直探触子を置き，板厚方向に超音波を入射させて溶接部の欠陥を検出する方法である．

これらの継手では，直交する（ロ）材の側から斜角探傷法を適用して検査を行うことが多い．本規準では，これらの継手で斜角探傷法が製作工程上または溶接継手の制約から適用できず，かつ垂直探傷法が可能な場合は，垂直探傷法を適用することにした．たとえば箱形断面内のダイアフラムの溶接をガスシールドアーク溶接で行う場合は，製作工程中（閉断面になる以前）では斜角探傷法が可能であるが，製品の受入検査時には斜角探傷法が適用できない箇所である．また，箱形断面内のダイアフラムをエレクトロスラグ溶接で接合する場合〔図5.2参照〕には，製作工程中においても斜角探傷法が適用できない箇所である．これらの箇所は，図5.1（a）のように（イ）材のほうから垂直探傷法が可能である．

しかし，製作工程中では斜角探傷法を適用し，一方，製品の受入検査時には垂直探傷法を適用

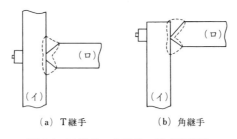

図5.1　T継手・角継手の垂直探傷法

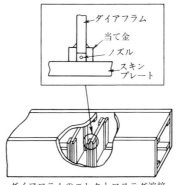

図5.2　箱形断面内のダイアフラムのエレクトロスラグ溶接

する場合や両探傷法を併用する場合は，探傷法の相違によって欠陥評価が異なるので，その取扱いを製造側と受入れ側および工事監理者とで十分協議しておく必要がある．

箱形断面内のダイアフラムの溶接にエレクトロスラグ溶接を用いる場合，目視や斜角探傷法では最終の溶接の溶込み状態が確認できないので，スキンプレート面より垂直探傷法でその溶込み状態を確認することとした．

5.2 溶接部の内部欠陥の検出

5.2.1 溶接予定線
　検査を実施する溶接部の探傷面上には，溶接に先立ち溶接予定線をマークする．

5.2.2 測定範囲の選定
　使用する最大ビーム路程に応じた測定範囲とする．

5.2.3 探触子の選定
　公称周波数は 5 MHz で，振動子の公称直径は 20 mm のものを原則とする．なお，板厚が 60 mm を超える場合には，周波数が 2 MHz，振動子の直径が 28 mm または 30 mm のものを使用することができる．

5.2.4 時間軸の調整および原点の修正
　使用する探触子で A1 形 STB，A3 形系 STB，または ARB などを用いて測定範囲を ±1 % の精度で調整し，かつ原点を修正する．

5.2.5 距離振幅特性曲線によるエコー高さ区分線の作成
（1）欠陥を評価するために，エコー高さ区分線を作成する．エコー高さ区分線は距離振幅特性曲線により，ARB を用いて作成する．
（2）エコー高さ区分線は，原則として実際に使用する探触子を用いて作成する．

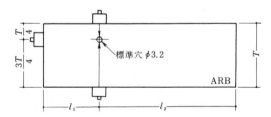

図7　エコー高さ区分線作成のための探触子位置

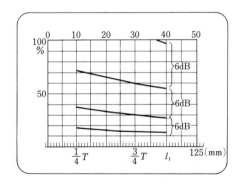

図8　エコー高さ区分線の作成例

（3） エコー高さ区分線の作成にあたっては，図7に示す位置に順次探触子を置き，それぞれのエコー高さのピークをプロットする．

（4） 一定の感度におけるプロット点を直線で結び，1つのエコー高さ区分線とする〔図8参照〕．

（5） エコー高さ区分線の作成に必要な距離振幅特性曲線は，4本以上とする．隣接する区分線の感度差は6dBとする．

5.2.6　U線・H線・M線およびL線

エコー高さ区分線のうち，少なくとも下位から3番目以上の線を選びこれをH線とし，これを感度調整基準線とする．H線は，原則として，欠陥エコーの評価に用いられるビーム路程の範囲で，その高さが40%以下にならない線とする．

H線より6dB高いエコー高さ区分線をU線，H線から6dB低いエコー高さ区分線をM線，12dB低いエコー高さ区分線をL線とする．

5.2.7　エコー高さの領域

U線・H線・M線およびL線で区切られたエコー高さの領域を表11に示すように名付ける．

表11　エコー高さの領域区分

エコー高さの範囲	エコー高さの領域
L線以下	I
L線を超えM線以下	II
M線を超えH線以下	III
H線を超えU線以下	IV
U線を超えるもの	V

5.2.8　探傷感度

ARBの標準穴のエコー高さがH線に合うようにゲイン調整し，これを探傷感度とする．

5.2.9　予備探傷

（1） 感度の調整

5.2.8に規定した探傷感度またはそれ以上のゲインに調整する．

（2） 探傷方向および探傷範囲

T継手は，図9に示す方向から探傷し，溶接部全体が探傷できる範囲とする．

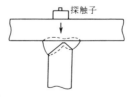

図9　T継手の探傷方向

（3） 異常部の検出

L線を超えるエコーを検出する．

（4） 異常部の判定

異常部の最大エコーを示す位置に探触子を置き，探触子の位置，ビーム路程，溶接部の状況

などから，異常部が欠陥かどうかを判定する．

5.2.10 規定探傷

（1） 対象箇所

　予備探傷において欠陥と判定された箇所を対象とする．

（2） 感度の調整

　5.2.8 に規定した探傷感度にゲイン調整する．

（3） エコー高さの測定

　最大エコー高さを示す位置に探触子を置き，その最大エコー高さの領域をエコー高さ区分線により定める．

（4） 評価の対象とする欠陥

　最大エコー高さが L 線を超える欠陥を評価の対象とする．

（5） 欠陥指示長さの測定

　最大エコー高さを示す位置を中心としてその周囲を走査し，エコー高さが L 線を超える探触子の移動範囲を求め，その長径を 1 mm 単位で測定し，欠陥指示長さとする．

（6） 欠陥位置の表示

　欠陥位置は，最大エコー高さを示す探触子位置およびビーム路程により表示する．

5.2.1 溶接予定線

　箱形断面内のエレクトロスラグ溶接部は，箱形に組み立てられた後では溶接位置が確認できないので，溶接前にスキンプレート側に溶接予定線をマークし，探傷はその溶接予定線を基準として行うこととした．溶接予定線は溶接終了後もダイアフラム取付け位置や板厚がわかるようにマークする．エレクトロスラグ溶接の場合，スキンプレートが溶接熱で焼けるので，実際の溶接予定線からある寸法だけ逃げた箇所にマークするのがよい．

5.2.2 測定範囲の選定

　垂直探傷法の場合に使用する最大ビーム路程としては，図 5.3 に示す寸法 W_c が適切である．

5.2.3 探触子の選定

　2.2.2 に規定した垂直探触子のうち周波数は不感帯を短くし，かつ遠距離分解能を良くするために 5 MHz とし，振動子直径は作業性を考慮して 20 mm とした．ただし，箱形断面部材のスキ

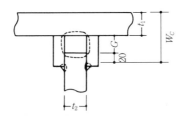

$W_c = t_1 + G + 20$ (mm)
　t_1：スキンプレートの厚さ (mm)
　G：エレクトロスラグ溶接部のルート間隔 (mm)

図 5.3 垂直探傷法において使用する最大ビーム路程 W_c

表 5.1 垂直探触子

スキンプレートの板厚(mm)	公称周波数(MHz)	振動子の公称寸法(mm)
16 以下	5	10
16 を超える	5	20
60 を超える	2	28 または 30

ンプレートの板厚が 16 mm 以下の場合は，直径 20 mm の振動子では不感帯やエレクトロスラグ溶接部の当て金のエコーが探傷の障害となるので，直径 10 mm の振動子を有する垂直探触子を使用するのが望ましい．表 5.1 に推奨される垂直探触子の選定例を示す．

なお，板厚が 60 mm を超える場合には，JIS G 0901（建築用鋼板及び平鋼の超音波探傷試験による等級分類と判定基準）による母材欠陥の評価と同等な評価が可能となるように，周波数 2 MHz，直径 28 mm または 30 mm のものが使用できるものとした．5 MHz と 2 MHz を比較すると，不感帯・遠距離分解能では 5 MHz の方が優れているが，超音波の減衰に関しては，2 MHz の方がその低下は少ないためである．

また，垂直探触子は，斜角探触子と異なりアクリルなどのシューを介さず振動子が直に被検体と接触することから，ゴム製の保護膜を取り付けるか，遅延材付き探触子などにより探傷する．

5.2.8 探傷感度

垂直探傷法においては，斜角探傷法に使用する A2 形系 STB，A3 形系 STB の縦穴を標準反射源とすることは不可能である．そのため，本規準では，横穴を標準反射体とした ARB を用いることとした．

なお，斜角探触子（5M10×10A70）で ARB の $\phi 3.2$ mm の横穴と，A2 形系 STB，A3 形系 STB の $\phi 4 \times 4$ mm の縦穴の感度を比較すると，ビーム路程 100 mm 以内では 2 dB 程度の差異しかない．

5.2.9 予備探傷

（2） 探傷方向および探傷範囲

本項でいう溶接部全体が探傷できる範囲とは，ダイアフラムの溶接をエレクトロスラグ溶接で行う場合では，角継手の余盛部を除く溶接線全線となり，ダイアフラムの溶接をガスシールドアーク溶接で行う場合では，取り付けるダイアフラムの余盛を含む溶接部と裏当て金をスキンプレートに投影した部分で，図 5.4 に示す斜線部分で囲まれた範囲である．

（3） 異常部の検出

異常部とは，最大エコーの位置が溶接部にあって L 線を超えるものである．溶接部の範囲は熱影響部までをいい，その範囲は，溶接条件（溶接方法・開先形状）によって異なるので，検査実施前に実際の溶接条件を知っておかなければならない．

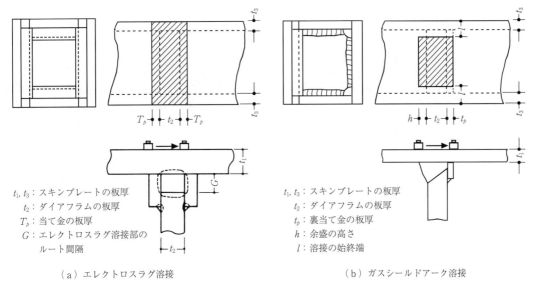

t_1, t_3：スキンプレートの板厚
t_2：ダイアフラムの板厚
T_p：当て金の板厚
G：エレクトロスラグ溶接部のルート間隔

（a）エレクトロスラグ溶接

t_1, t_3：スキンプレートの板厚
t_2：ダイアフラムの板厚
t_p：裏当て金の板厚
h：余盛の高さ
l：溶接の始終端

（b）ガスシールドアーク溶接

図 5.4　探傷範囲

（4）異常部の判定

　エレクトロスラグ溶接部の垂直探傷時に検出された異常部は，図 5.5 に示す探傷方法に基づいて判定する．まず，図 5.6 に示す探傷範囲を基準にして，検出されたエコーが母材部欠陥であるか溶接欠陥かを判別する．異常部のエコーが溶接欠陥と判定された場合は，規定の垂直探傷により評価する．また，母材部欠陥と判定された場合は，そのエコーが溶接部の探傷の障害となるか否かを表 4.4 に示す探傷方法に基づいて評価する．欠陥エコー高さが 20 % を超えて探傷の障害となる場合は，母材部欠陥を適正な方法により除去できるか否かを検討する．母材部欠陥を除去することが可能ならば補修溶接後に規定の垂直探傷を行い，除去できない場合は，溶接部の内部欠陥に対する垂直探傷は不可能と結論するとともに，溶接部以前に鋼材自体の品質に異常があるとして，表 4.5 に示すような JIS G 0901 を適用して母材部欠陥を評価する．これ以降の母材部欠陥に対する処置は，4.1.11（4）に示す方法と同様である．

5.2.10　規定探傷

（6）欠陥位置の表示

　垂直探傷法では斜角探傷法〔4.1.12（6）〕と異なり，欠陥位置の表示をすべて最大エコー高さを示す位置とした．その理由は，5.2.10（5）に規定するように，欠陥指示長さの方向が溶接線の方向と異なる場合があり，欠陥の長さ方向の位置を欠陥指示長さの起点で表示しにくいためである〔図 5.7 参照〕．

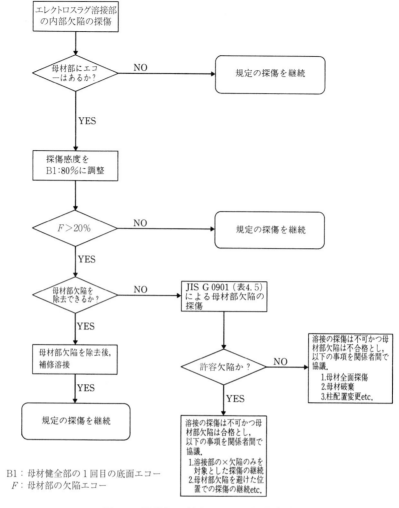

図 5.5　異常部の判定における探傷方法

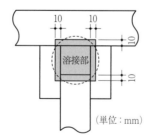

図 5.6　エレクトロスラグ溶接部の探傷範囲

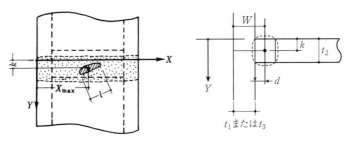

図 5.7　欠陥位置の表示

5.3　箱形断面内に設けるダイアフラムのエレクトロスラグ溶接部の溶込み幅の測定

5.3.1　測定範囲の選定
使用する最大ビーム路程に応じた測定範囲とする．

5.3.2　探触子の選定
使用する探触子は周波数 5 MHz，公称直径 10 mm とする．

5.3.3　時間軸の調整および原点の修正
5.2.4 による．

5.3.4　探傷感度
被検材の健全部の第 1 回底面エコー高さを 80 % とし，これを探傷感度とする．

5.3.5　探傷位置
図 10 に示すように溶込み幅をねらい，スキンプレート側より探傷する．

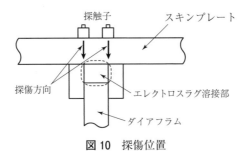

図 10　探傷位置

5.3.6　走査方法
探触子を被検材表面の溶接線上を移動させるものとし，溶込み幅の境界点を求める場合には，測定の始終端から 100 mm に分割した位置で溶接線と直角に走査するものとする．なお，分割した端数は溶接線の中央部で処理する．ここでいう測定の始終端とは，図 11 に示すものとする．

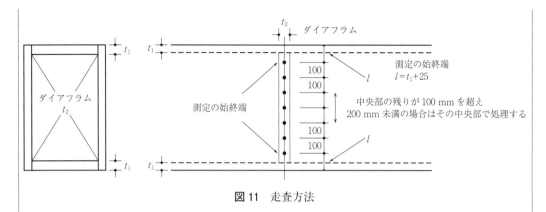

図11　走査方法

5.3.7　溶込み幅の境界点の測定

　　5.3.6の走査において，底面エコー高さが40％になる探触子の中心位置を溶接部の溶込み幅の境界点とする．

5.3.8　溶込み指示幅

　　5.3.7で測定した溶込み幅の境界点間の距離を全溶込み指示幅とする．また，溶接予定線と測定した溶込み幅の境界点との距離を片側溶込み指示幅とする．溶込み指示幅の測定単位は1mmとする．

5.3.9　欠陥指示長さの測定

　　欠陥指示長さは，全溶込み指示幅が不足する場合と片側溶込み指示幅の境界点が溶接予定線よりずれた場合に分けて測定する．欠陥指示長さの測定単位は1mmとする．

（1）　全溶込み指示幅の不足する場合

　　　5.3.6の走査において，全溶込み指示幅がダイアフラムの板厚より小さい溶接線方向の範囲を求め，これを欠陥指示長さとする．

（2）　溶込み幅の境界点がずれた場合

　　　5.3.7の溶込み幅の境界点が，溶接予定線の内側へ3mmを超えてずれた溶接線方向の範囲を求め，これを欠陥指示長さとする．

5.3.10　エコー高さの領域

　　欠陥評価のためのエコー高さの領域はⅣとする．

5.3.11　欠陥位置の表示

　　欠陥の長さ方向の位置は，欠陥指示長さの起点で示す．

5.3.2　探触子の選定

　使用する探触子を周波数5MHz φ10mmとした理由は，5MHz φ20mmなどでは近距離音場内での測定となること，また測定精度が低いことによる．エレクトロスラグ溶接部の探傷表面は一般の溶接部の表面と異なり，著しく表面が粗くエコー高さが不安定となりやすいことから，遅延材付き垂直探触子を使用した方が測定精度は高くなる．振動子は円形であるが，溶込み状況の確認または溶込み指示幅の測定を行う場合は，外形が正方形である方が測定が容易であるため，外形が円形であるものは正方形を有する治具などをセットするか，探触子の外形が正方形のもの

を使用することによって探傷作業が容易となる．なお，治具および探触子の正方形には探触子の中心や1mm目盛のマークを有することが望ましい．

5.3.4 探傷感度

被検材の健全部とは，エレクトロスラグ溶接部の近傍で探傷の障害となる欠陥のない部分を指す．探傷感度設定位置は溶接線ごとに適切に設定するものとする．

探傷感度の第1回底面エコー高さ B_1（80％）は，溶込み幅の境界点を決定する高さ40％（底面エコー高さの1/2）に対して設定した数値である．溶込み幅の境界点のエコー高さを第1回底面エコー高さ B_1 の1/2にすれば，探傷感度を80％のエコー高さに固執する必要はない．

5.3.6 走査方法

探触子の走査は，図5.8に示すように測定の始終端から100mm間隔の各位置で溶接線と直角に走査する．その場合の探触子の移動距離 R は，図中に示す範囲が望ましい．なお，工事監理者の承認を得て，探触子の中心を両側溶接予定線に合わせて置き，被検材表面を溶接線と平行に測定の始終端間を走査し，全線について溶込み状態を確認してもよい．いずれの場合も治具などで固定しないと探触子を安定に走査させることが困難であるため，直尺などの治具を用いて容易かつスムーズに走査できるようにする必要がある．探傷範囲は図11の溶接の始終端から t_1+25 mmを除く範囲であるが，ウェブ側面における角継手の余盛ビード部近傍での探傷は，探触子が余盛止端部に接触するまででよい．

エレクトロスラグ溶接部の溶込み幅測定時に検出されることがある異常部の判定は，5.2.9（4）に示す探傷方法と同様であるので参照されたい．

5.3.9 欠陥指示長さの測定

溶込み指示幅の不足による欠陥と境界点のずれによる欠陥とが重なる場合には，両者の欠陥指示長さの和から重なる部分の長さを差し引いた値を欠陥指示長さとする．

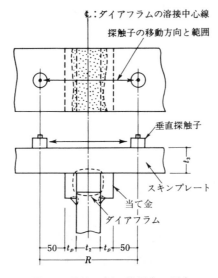

図5.8 溶込み幅の境界点の測定

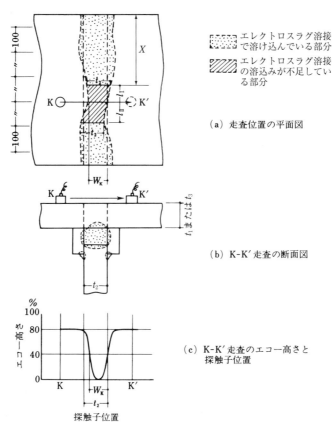

図 5.9 溶込み指示幅が不足する場合の欠陥指示長さ

（1） 全溶込み指示幅の不足する場合

全溶込み指示幅の不足する範囲は，底面エコー高さが 40 % を超えてマークされた位置における溶接線の起点と欠陥指示長さで示す〔図 5.9 参照〕．

なお，走査 K-K′ で W_K がダイアフラム厚 t_2 より少ない場合，K-K′ を中心にマークされた範囲を 10 mm ピッチで探傷したのち，さらに綿密な走査を行って，$W_K = t_2$ となる位置の距離〔図 5.9（a）の $l_Ⅰ$，$l_Ⅱ$〕を求め，$l_Ⅰ + l_Ⅱ$ を欠陥指示長さとする．

（2） 溶込み幅の境界点がずれた場合

全溶込み指示幅がダイアフラムの寸法以上であっても，図 5.10 に示すような欠陥が発生している可能性があるので，たとえば，走査 K-K′ で境界点が溶接予定線の内側へ 3 mm を超えてずれた場合，K-K′ を中心にエコー高さが健全部のエコー高さの 1/2（40 %）を超えてマークされた間を 10 mm ピッチで探傷したのち，さらに綿密な走査を行って，3 mm を超える距離を求め，それを欠陥と見なす．3 mm の値は予定線のマーキング作業の誤差を考慮したものである．欠陥と見なす溶込み境界点のずれの範囲は，図 5.11 に示す斜線部分である．欠陥指示長さは $l_Ⅰ + l_Ⅱ$ である．

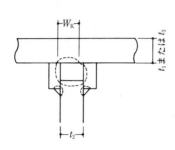
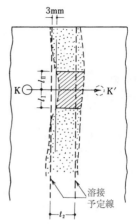

図 5.10　溶込み幅が十分でも欠陥発生の可能性がある状態

図 5.11　溶込み指示幅の欠陥指示長さ

（3）補修溶接後の探傷方法

　エレクトロスラグ溶接部の探傷において，全溶込み指示幅の不足，溶込み幅の境界点のずれ，また内部欠陥の検出で不合格の境界値以上となり，スキンプレート側からエアアークガウジングなどによって不合格部をはつり取り，ガスシールドアーク溶接などの溶接施工法で補修を行った場合には，垂直探傷法のみでは板厚方向に発生した溶接欠陥が検出できないため，必ず斜角探傷法を併用しなければならない．

6章　欠陥の評価

6.1　一般事項

> 6.1.1　斜角一探触子法とタンデム探傷法を併用した場合，欠陥の評価は探傷法別に行う．
> 6.1.2　斜角一探触子法で公称屈折角70°と45°または65°と45°を併用し，同一欠陥を両探触子で検出した場合は，公称屈折角70°または65°の探傷結果を採用して欠陥の評価を行う．
> 6.1.3　斜角一探触子法で公称屈折角70°と65°，または公称周波数5 MHzまたは2 MHzで同一欠陥を検出し，欠陥評価が異なる場合には，エコー高さが高い方の探傷結果を採用して欠陥の評価を行う．
> 6.1.4　垂直探傷法の欠陥評価は下記（1）または（2）で別々に行う．
> （1）　溶接部の内部欠陥
> （2）　箱形断面内に設けるダイアフラムのエレクトロスラグ溶接部の溶込み幅

　欠陥評価の煩雑さを避けるために本項の規定を設けた．斜角一探触子法で公称屈折角70°と45°または65°と45°を併用して探傷した場合には，原則として屈折角70°または65°による欠陥評価を採用する．ただし，屈折角70°または65°では検出レベルを超えないが，屈折角45°では検出レベルを超えた場合，屈折角45°の探傷結果を用いて評価する．

6.2　合否判定の対象とする欠陥

> 　合否判定の対象とする欠陥は，欠陥指示長さが被検材の板厚 t に応じて，表12に示す値以上の欠陥とする．ただし，板厚が異なる突合せ継手の場合は，被検材の板厚は薄いほうの板厚とする．
>
> **表12　欠陥指示長さの最小値（単位：mm）**
>
> | 板　厚 | 欠陥指示長さ |
> |---|---|
> | 6以上　20以下 | 5 |
> | 20を超え48以下 | $t/4$ |
> | 48を超えるもの | 12 |

　本規準では，欠陥の検出レベルをL検出レベルとしている．ブローホールなどの球状欠陥は，それが密に連続して存在しない限り，溶接継手の静的強度および疲労強度に与える影響はわずかであることが実験的にも確認されている[1]．そこで，本規準では，欠陥指示長さが表12に示す欠陥指示長さの最小値未満の欠陥は合否判定の対象から除外し，6.3の同一欠陥群としての評価も不要とした．

　ここで，被検材の板厚 t は，板厚が異なる突合せ継手の場合は，薄いほうの板厚とする．T継手・角継手の完全溶込み溶接の場合には，突き合わせるほうの材の板厚を被検材の板厚とする．

[注]　1)　J. D. Harrison : The Basis for a Proposed Acceptance Standard for Weld Defects Part I Porosity, The Welding Institute Research Report, 1971

なお，欠陥指示長さが表12に規定する値未満の欠陥が多数密に存在する場合には，溶接部の品質管理の面からもその扱いの検討を要する．

6.3 欠陥評価長さ

> 同一断面内の欠陥群で深さ方向の位置が同一と見なされ，かつ欠陥と欠陥の間隔が長いほうの欠陥指示長さ以下の場合は，同一欠陥群と見なし，その欠陥評価長さは，それらの欠陥の欠陥指示長さと間隔の和とする．
>
> また，欠陥と欠陥の間隔が長いほうの欠陥指示長さを超える場合は，それぞれ独立した欠陥と見なし，その欠陥評価長さはそれぞれの欠陥指示長さとする．
>
> なお，欠陥群が応力に対して同一断面内であるか，また，深さ方向位置が同一であるかは，表12に示す値に応じて，おのおのの欠陥の欠陥エコーが最大エコー高さを示す位置との相対関係により定める．

欠陥指示長さが表12に規定した「欠陥指示長さの最小値」以上の複数の欠陥がある場合は，それらの欠陥が同一欠陥群と見なせるか，または独立した欠陥であるかを判別して，それぞれの場合に応じて欠陥評価長さを求める．

ここで，図6.1に示すとおり，欠陥の溶接線に直交した方向の間隔 Δk が被検材の板厚に応じて，表12に示す値以下の場合は同一断面内であると判定し，また，欠陥の深さ方向の間隔 Δd が被検材の板厚 t に応じて，表12に示す値以下の場合は，同一深さであると判定する．

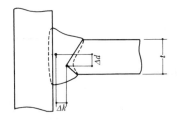

［注］ ・印は欠陥エコーが最大エコー高さを示す位置

図6.1 同一断面および同一深さとする条件

欠陥群が同一断面内で，かつ同一深さであると判定された場合で，図6.2に示すとおり隣り合う単独の欠陥と欠陥の間隔gが長いほうの欠陥の欠陥指示長さl_L以下の場合（$g \leq l_L$）に限り，それらの欠陥を同一欠陥群と見なし，上記以外の場合はそれぞれ独立した欠陥と見なす．

同一欠陥群と見なせる欠陥群の欠陥評価長さL_eは，それらの欠陥の欠陥指示長さと間隔の和（$l_L + l_S + g$）とした．ただし，欠陥が重なり合う場合〔図6.2（b）$g \leq 0$ 参照〕は，それらの欠陥の指示長さの和（$l_L + l_S$）とする．

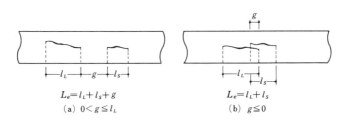

[注] l_L：長いほうの欠陥の欠陥指示長さ
l_S：短いほうの欠陥の欠陥指示長さ

図6.2 同一欠陥群と見なせる欠陥群の欠陥評価長さ L_e

6.4 欠陥評価長さの境界値

突き合わせる被検材の板厚tに応じて，欠陥評価長さの境界値 S, M, ML, L および LL は表13に示す値とする．

表13 欠陥評価長さの境界値　　　（単位：mm）

板　厚	S	M	ML	L	LL
6以上　20以下	10	15	20	30	40
20を超え48以下	$t/2$	$3 \cdot t/4$	t	$3 \cdot t/2$	$2 \cdot t$
48を超えるもの	24	36	48	72	96

7章　合否の判定

7.1　単位溶接線

> 溶接線長さが 300 mm 以上の場合は，欠陥が最も密となるような連続した長さ 300 mm を，溶接線長さが 300 mm 未満の場合は全長を，それぞれ単位溶接線とする．溶接部の合否は，単位溶接線の合否に基づいて判定する．

単位溶接線とは，溶接部の合否の判定を行う際に設けた評価単位であり，単位溶接線の合否を判定することにより，当該溶接部の合否を判定する．

溶接線長さが 300 mm 以上ある溶接部では，図 7.1 に示すとおり，溶接線上に前章の 6.2 に規定した合否判定の対象となる欠陥が最も密となる（合否判定が最も厳しくなる）ように，連続した長さ 300 mm の区間を任意にとり，それぞれの区間を単位溶接線とする．図 7.1 では A，B および C それぞれが単位溶接線であり，それらは互いに重なり合ってもよい．この例では，単位溶接線 A には欠陥 a，b，c が，単位溶接線 B には欠陥 c，d が，単位溶接線 C には欠陥 d，e が含まれる．なお，この例は欠陥 c_1 と c_2 が同一欠陥群と見なせる場合で，欠陥 c は c_1 と c_2 より構成されており，その欠陥評価長さは L_e でエコー高さ領域はⅢである．ここで，単位溶接線に欠陥の全影が入らず，その一部が含まれる欠陥についてもその欠陥のすべてが，この単位溶接線内に存在するものとして合否の判定を行う．

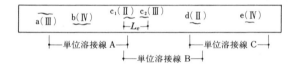

［注］（　）内はエコー高さの領域を示す．

図 7.1　単位溶接線の設定の仕方

7.2　単位溶接線の合否

> 単位溶接線の合否は，溶接部に作用する応力の種類に応じて，欠陥評価長さおよびエコー高さの領域を用いて判定する．ただし，単位溶接線に複数の欠陥が存在する場合は，欠陥評価長さの総和も考慮して合否の判定を行う．なお，それぞれの欠陥でエコー高さの領域が相違する場合は，そのうちもっとも高いエコー高さの領域を採用する．

7.2.1　疲労を考慮しない溶接部

下記の（1）または（2）により単位溶接線の合否を判定する．

（1）　溶接部に引張応力が作用する場合

欠陥のエコー高さの領域に応じて，欠陥評価長さあるいはその総和が，表 14 に示す境界値以上ある単位溶接線は不合格とする．

表14 疲労を考慮しない溶接部（溶接部に引張応力が作用する場合）

エコー高さの領域		欠陥評価長さ	欠陥評価長さの総和
斜角一探触子法または垂直探傷法	タンデム探傷法		
Ⅱ	Ⅱ	L	LL
Ⅲ, Ⅳ	Ⅲ	ML	L
Ⅴ	Ⅳ	M	ML

（2） 溶接部に引張応力が作用しない場合

　　欠陥のエコー高さの領域に応じて，欠陥評価長さあるいはその総和が，表15に示す境界値以上ある単位溶接線は不合格とする．

表15 疲労を考慮しない溶接部（溶接部に引張応力が作用しない場合）

エコー高さの領域		欠陥評価長さ	欠陥評価長さの総和
斜角一探触子法または垂直探傷法	タンデム探傷法		
Ⅱ	Ⅱ	LL	規定なし
Ⅲ, Ⅳ	Ⅲ	L	LL
Ⅴ	Ⅳ	ML	L

7.2.2 疲労を考慮して表面仕上げされた溶接部

　欠陥を表面に近い欠陥と内部の欠陥とに分類し，それぞれ下記（1）または（2）により単位溶接線の合否を判定する．ここで表面に近い欠陥とは，欠陥の深さ方向の位置と板厚表面との間隔が板厚の1/4未満の欠陥をいい，内部の欠陥とは，欠陥の深さ方向の位置と板厚表面との間隔が板厚の1/4以上の欠陥をいう．

（1） 表面に近い欠陥

　　欠陥指示長さが表12に示す最小値以上の欠陥指示長さを含む単位溶接線は不合格とする．

（2） 内部の欠陥

　　欠陥のエコー高さの領域に応じて，欠陥評価長さが表16に示す境界値以上ある単位溶接線は不合格とする．

表16 疲労を考慮して表面仕上げされた溶接部

エコー高さの領域		欠陥評価長さ
斜角一探触子法または垂直探傷法	タンデム探傷法	
Ⅱ	Ⅱ	ML
Ⅲ, Ⅳ	Ⅲ	M
Ⅴ	Ⅳ	S

溶接欠陥の合否判定基準としては，

（a） 品質管理基準を判定基準とする（Quality Control Level…QC判定基準）．

（b） 合否判定の対象となる溶接欠陥が直接的に構造物の損傷につながるか否かを判定基準とする（Engineering Critical Assessment Level…ECA 判定基準）．

が考えられる．本規準では ECA 判定基準の方向を指向し，溶接部に作用する応力の種類に応じ疲労を考慮しない溶接部で，①引張応力が作用する溶接部，②引張応力が作用しない溶接部および③疲労を考慮して表面仕上げされた溶接部に対して3種類の合否判定基準を用意している．

検査する溶接部の合否判定をいずれの表で行うかは，構造設計者の指示（設計図書の特記事項等）に従うものであるが，参考として下記が考えられる．

（a） 短期荷重時に引張応力が作用する溶接部，たとえば柱梁仕口の溶接部などは表 14 を採用する．

（b） 長期および短期荷重時に引張応力が作用しない溶接部，たとえば中柱の階高中央部近傍に設けられる柱継手の溶接部などは表 15 を採用する．

（c） クレーン走行梁など，疲労を考慮して設計された部材および継手の溶接部などは表 16 を採用する．

単位溶接線に複数の欠陥が含まれる場合，その合否判定は次の順序で行う．

（a） 個々の欠陥について，その欠陥評価長さおよびエコー高さの領域を用いて判定する．

（b） 単位溶接線に含まれる欠陥の欠陥評価長さの総和およびエコー高さの領域を用いて判定する．

このとき，図 7.1 に示すように個々の欠陥のエコー高さの領域が相違する場合は，単位溶接線 A ではエコー高さの領域Ⅳ，B ではⅢ，C ではⅣというように，各単位溶接線内で最も高いエコー高さの領域を採用する．

上記（a），（b）について対象とする溶接部に作用する応力の種類に応じて表 14～16 に示す判定基準を用いて判定を行い，（a），（b）いずれかの場合で不合格となれば，その単位溶接線は不合格となる．

また，同一の溶接線を斜角一探触子法とタンデム探傷法で探傷した場合，単位溶接線の合否の判定は採用した探傷法ごとに行い，いずれかの探傷法で不合格となれば，その単位溶接線は不合格となる．

表 14～16 の判定基準にエコー高さの領域を用いているが，これは，超音波探傷法では欠陥の種類を推定する一般的な推定法がいまだ確立していないため，その情報を欠陥の最大エコー高さに求めたためである．すなわち，面状の欠陥の最大エコー高さは，X 形開先，K 形開先に生じる内部溶込不良を除けば，一般に線状欠陥および球状欠陥に比較して高いことを考慮して，エコー高さの領域に応じて不合格となる欠陥評価長さ（あるいはその総和）の境界値を区分けした．

7.2.1 疲労を考慮しない溶接部

疲労を考慮しない溶接部では（1）溶接部に引張応力が作用する場合，（2）溶接部に引張応力が作用しない場合に分類して，表14および表15にそれぞれの判定基準を示した．

参考として，鋼種SM490材の欠陥を有する突合せ溶接継手に関する静加力実験の結果を図7.2に示す[1]．図7.2（a）は欠陥断面率 $_s\alpha$ と継手の静的強度 σ_B の関係，図7.2（b）は $_s\alpha$ と継手の伸び率 El の関係，図7.2（c）は $_s\alpha$ と一様ひずみ $U.El$ の関係を示す．図中のM，S，Cは，おのおの被覆アーク溶接・セルフシールドアーク溶接・ガスシールドアーク溶接による試験体を意味する．この結果によると，欠陥断面率 $_s\alpha$ が2〜3％を境にして継手の伸び率・一様ひずみの減少が激しくなる．

欠陥の高さ方向寸法をほぼ1パスの厚さ4〜6mmを仮定し，溶接線の長さを250mmとすれば，母材の板厚 t が $20\,\text{mm} < t \leq 48\,\text{mm}$ の場合では，表14の境界値MLは欠陥断面率 $_s\alpha = 1.6$〜2.4％，境界値Lは $_s\alpha = 2.4$〜3.6％に対応する．

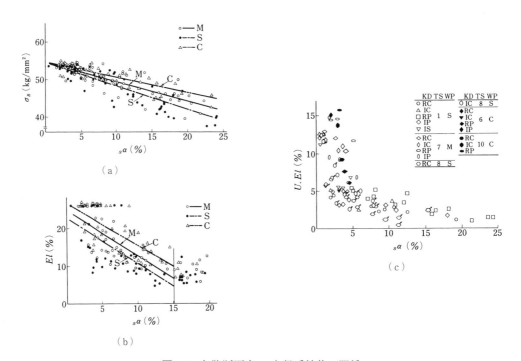

図7.2 欠陥断面率 $_s\alpha$ と継手性能の関係

［注］ 1） 加藤 勉，古沢平夫，森田耕次：超音波斜角探傷法による溶接欠陥の評価（I）・（II），日本建築学会論文報告集，No. 241（1976.3）・No. 244（1976.6）．

【補足】 溶接欠陥位置の影響

近年，溶接欠陥位置が部材の塑性変形能力に及ぼす影響について，多くの研究成果が蓄積されてきている．これらの研究は，溶接欠陥の寸法だけでなく，その位置を考慮した合理的な合否判定基準の設定を目的としたものである．

形状欠陥は，二次元問題では板幅方向の端部片側・端部両側・中央欠陥に分類され，三次元問題ではさらに板厚方向の表面・内部・貫通欠陥との組合せになる．問題を単純化するために，古くは溶接継手の単純引張実験により溶接欠陥の影響が検討されてきた．現行の合否判定基準は，そのような実験結果に基づき，延性破壊を前提として定められたものである．

溶接接合が用いられるH形断面梁の梁端接合部や角形鋼管柱の柱端接合部には，主として曲げモーメントが作用する．断面の曲げ応力度分布を考えれば，引張側フランジの内面側に存在する欠陥に比べて，外面側に存在する欠陥の方が破壊に及ぼす影響は大きいことが容易に理解できる．これに加えて，部材端接合部では，フランジ板要素の面外方向に二次曲げモーメントが作用する．この二次曲げモーメントは内面側が圧縮，外面側が引張となる方向に作用するため，内面側の欠陥には有利に，外面側の欠陥には不利に働く．

このような応力状態を考慮して，欠陥位置に応じた許容欠陥寸法を評価することができれば，合理的な合否判定基準の設定が可能となる．さらに，欠陥位置と欠陥寸法を測定する技術が確立されれば，補修する必要のある欠陥か否かの判定に使えることになる．すなわち，現在の超音波検査で不合格となった場合に，欠陥位置と欠陥寸法をより精度の高い検査によって測定し，接合部に要求される性能と，欠陥が接合部性能に与える影響を把握したうえで，補修が必要であるか否かを選択する枠組が考えられる．

以下，(1)梁端フランジ溶接部と(2)角形鋼管柱端溶接部に分けて，溶接欠陥位置が部材の塑性変形能力に及ぼす影響に関する研究成果を紹介する．

(1) 梁端フランジ溶接部の欠陥位置の影響

固形タブを用いた溶接施工法では，図7.3に示す溶接初層の溶接始終端位置に溶込不良が生じやすい（以下，端部欠陥という）．図7.4に示すように，工場溶接形式では上下フランジとも外開先となるため，初層の欠陥はフランジの内面側に入る．一方，工事現場溶接形式では下フランジは内開先となるため，初層の欠陥はフランジの外面側に入る．

図7.5に梁の塑性変形倍率 η_s と欠陥断面率 $_s\alpha$ の関係を示す．実験データは，角形鋼管柱とH

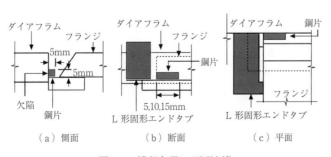

図7.3 端部欠陥の再現例[9]

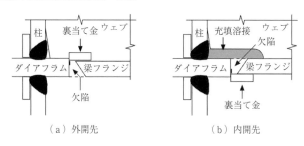

(a) 外開先　　　　　　　　　(b) 内開先

図 7.4　開先形状と初層欠陥位置の例[9]

形断面梁を通しダイアフラム形式で接合する場合を対象に，梁端フランジ溶接部の端部欠陥に着目して行われた柱梁部分架構試験体の実大接合部曲げ実験に関する既往研究[1)～10)]から収集したものである．η_s は骨格曲線を対象とした塑性変形倍率である．骨格曲線は図 7.6 に定義する方法で求め，正負の塑性変形倍率のうち大きい方の値を採用している．なお，η_s は変形能力を示す評価指標の一つであるが，図 7.2 の伸び率 El や一様ひずみ $U.El$ とは異なるものである．$_s\alpha$ は，破壊の起点となった側の欠陥断面積（欠陥の実測高さと実測長さの積）をフランジ断面積で除した値である．破壊の起点にならなかった側の欠陥断面積は算入していない．溶接欠陥以外の箇所から破壊した場合などのように，破面に欠陥が含まれていなかった試験体の欠陥断面積は計画値である．

図 7.5 より，$_s\alpha$ の増加に伴って η_s の上限が減少する傾向がわかる．$_s\alpha$ が同じ場合を比較すると，内開先の初層端部欠陥（外面側）の方が，外開先の初層端部欠陥（内面側）に比べて η_s が小さい．η_s が減少し始める $_s\alpha$ も，内開先の方が外開先に比べて小さい．また，貫通欠陥の場合は，η_s が極端に小さくなっている．この結果から，梁端フランジ溶接部の端部欠陥がフランジ板要素の外面側にあるか，内面側にあるか，貫通欠陥か非貫通欠陥かによって，梁の塑性変形能力に及ぼす影響が異なることがわかる．

なお，欠陥の評価指標に $_s\alpha$ ではなく，き裂特性寸法 $\bar{c}$[11)] を用いた検討も行われている[2),5),6),8)]．$\bar{c}$ は，応力拡大係数 K 値の等価則を用いて，三次元の板厚非貫通き裂を力学的に等価な二次元

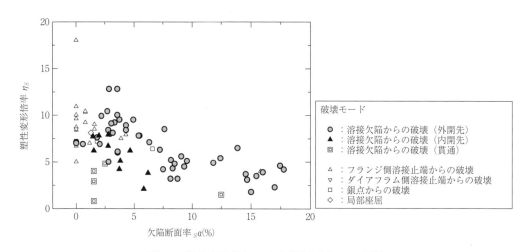

図 7.5　塑性変形倍率 η_s と欠陥断面率 $_s\alpha$ の関係

の板厚貫通き裂に置き換えたものである[11]．$\bar{c}$ が同等である場合には，貫通欠陥と非貫通欠陥の違いによらず η_s が概ね同等となる傾向が得られており，$\bar{c}$ は梁の塑性変形能力を統一的に評価する上で有効な指標となる可能性が示されている[2),5),6),8)]．

（2） 角形鋼管柱端溶接部の欠陥位置の影響

角形鋼管柱端溶接部については，統計的な検討ができるまで実験データが蓄積されていないため，欠陥位置に着目した実験的研究[12),13)]を紹介する．

文献12）では，角形鋼管柱の柱端溶接部における溶接欠陥の寸法と位置が，柱の塑性変形能力に与える影響を検討している．角形鋼管は□－300×300×19（BCP325・BCR295）で，実験パラメータは図7.7に示す載荷方向（0・45°），図7.8に例示する欠陥位置（内・外面側），欠陥高さ（鋼片寸法5・10・15 mm）である．欠陥長さは，欠陥高さ中央位置における円弧の長さが40 mmになるように統一されている．

図7.9に実験から得られた柱の累積塑性変形倍率を示す．載荷方向については，0°方向載荷に比べて45°方向載荷の方が溶接欠陥の影響が表れやすいことがわかる．欠陥位置については，角形鋼管角部溶接部の内面側（初層部）欠陥に比べて外面側欠陥の方が塑性変形能力に与える影響

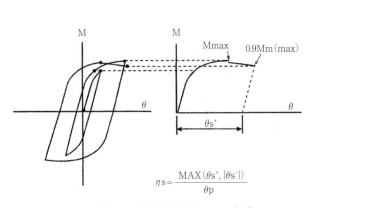

図7.6 塑性変形倍率 η_s の定義

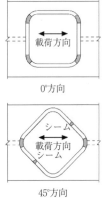

図7.7 載荷方向

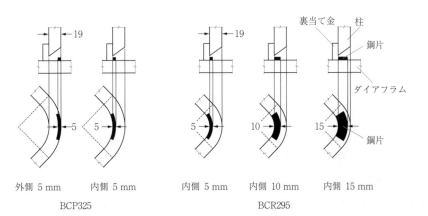

図7.8 欠陥位置と欠陥寸法の例（45°方向載荷）（単位：mm）

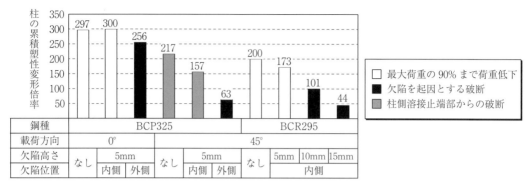

図 7.9 柱の累積塑性変形倍率

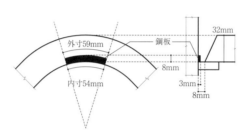

図 7.10 CP-3 試験体の初層溶接欠陥

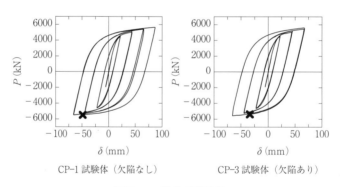

図 7.11 荷重変形関係

が大きいことがわかる．板厚 19 mm に対して，欠陥高さ 5 mm の内面側の溶接欠陥は破壊モードに影響を与えないが，欠陥高さ 10 mm 以上の溶接欠陥は当該欠陥を起因とする破壊が起こり，柱の塑性変形能力に大きな影響を及ぼすことがわかる．

文献 13) では，角形鋼管柱の柱端角部溶接部における初層溶接欠陥の有無が，45°方向載荷を受ける柱の塑性変形能力に与える影響を検討している．角形鋼管は□－550×550×32（BCP325）で，実験パラメータは図 7.10 に示す初層欠陥の有無である．本規準の許容限界に相当する寸法の溶接欠陥が存在しても，溶接欠陥に起因する破壊は生じなかった実験結果が得られている．図 7.11 に示す荷重変形関係からわかるように，柱の塑性変形能力についても，欠陥の有無にかかわらず，ほぼ同等の性能を示す実験結果が得られている．なお，試験体には 25°開先ロボット溶接が適用されているが，通常の 35°開先の場合と同等の構造性能を発揮したことが示されている．

7.2.2 疲労を考慮して表面仕上げされた溶接部

疲労を考慮する溶接部については，表面仕上げをしない溶接部の疲労強度は余盛の形状などの表面状況に著しく依存するので，本規準においては，疲労を考慮して表面仕上げされた溶接部だけの合否判定基準を示した．なお，欠陥の深さ方向の位置は，エコー高さが最大の位置とする．

参 考 文 献

1) 鈴木孝彦, 石井 匠, 森田耕次, 高梨晃一：欠陥を有する柱梁溶接接合部の破断性状に関する実験的研究, 鋼構造論文集, 6 巻, 23 号, pp. 149-164, 1999.9

2) 中込忠男, 服部和徳, 市川祐一, 的場 耕, 岩田 衛：欠陥を有する柱梁接合部の変形能力に関する実験的研究, 日本建築学会構造系論文集, 556 号, pp. 145-150, 2002.6

3) 吉村鉄也, 田渕基嗣, 田中 剛, 安井一浩：鉄骨造柱溶接接合部の構造特性に与える溶接欠陥の影響, 鋼構造年次論文報告集, 10 巻, pp. 21-26, 2002.11

4) 田渕基嗣, 田中 剛ほか：梁端部の溶接欠陥が梁の塑性変形能力に及ぼす影響（その5〜9）, 日本建築学会大会学術講演梗概集, C-1, 構造Ⅲ, pp. 867-876, 2003.9

5) 小澤知洋, 中込忠男, 市川祐一, 牟田口高志, 末守真史：欠陥を有する柱梁接合部モデルの変形能力に関する実験的研究 その1〜2, 日本建築学会大会学術講演梗概集, C-1, 構造Ⅲ, pp. 569-572, 2004.8

6) 奥田雅浩, 中込忠男, 櫻井謙次, 服部和徳, 末守真史：欠陥を有する柱梁溶接接合部の変形能力に関する実験的研究 その4〜5, 日本建築学会大会学術講演梗概集, C-1, 構造Ⅲ, pp. 573-576, 2004.8

7) 田中 剛, 田渕基嗣：梁端フランジ溶接部の溶接欠陥位置が梁の塑性変形能力に及ぼす影響, 鋼構造年次論文報告集, 16 巻, pp. 103-110, 2008.11

8) 川端洋介, 中込忠男, 崎野良比呂, 服部和徳, 戸堀一真：端部溶接欠陥を有する工場溶接型・現場溶接型柱梁溶接接合部の変形能力に関する研究, 日本建築学会構造系論文集, 76 巻, 661 号, pp. 659-666, 2011.3

9) 上田 遼, 田中 剛, 吹田啓一郎, 津嘉田敬章, 山根正寛：現場溶接形式の溶接欠陥が梁の塑性変形能力に及ぼす影響, 鋼構造年次論文報告集, 19 巻, pp. 171-178, 2011.11

10) 上田 遼, 田中 剛, 吹田啓一郎, 佐藤勇介, 山根正寛, 中澤好道：梁の塑性変形能力に及ぼす溶接欠陥の影響—その2 現場溶接形式の溶接部強度を因子とした載荷実験—, 日本建築学会近畿支部研究報告集, 52 巻, pp. 437-440, 2012.5

11) 日本溶接協会：WES2805 溶接継手のぜい性破壊発生及び疲労き裂進展に関する欠陥の評価方法, 2007.11

12) 田中 剛ほか：角形鋼管柱の塑性変形能力に及ぼす溶接欠陥の影響（その1〜3）, 日本建築学会大会学術講演梗概集, 材料施工, pp. 1183-1186, 2013.8, pp. 1019-1020, 2014.9

13) 服部和徳, 見波 進, 中込忠男, 西山 功：25度狭開先を適用した冷間成形角形鋼管—通しダイアフラム接合部の3点曲げ実験, 日本建築学会構造系論文集, 80 巻, 718 号, pp. 1991-1999, 2015.12

8章 記　　録

検査を行った後，次の事項を記録し，その記録と当該溶接部とが照合できるようにしておかなければならない．

(1) 工事名
(2) 施工または製作工場名
(3) 検査年月日
(4) 検査技術者名・報告書承認者名および資格
(5) 探傷方法
(6) 探傷条件　　　　適用規格，合否判定基準，被検材の材質，検査範囲，使用した標準試験片または対比試験片，距離振幅特性曲線，探傷感度，感度補正量，探傷面の状態および仕上げ方法，接触媒質，検査時期，STBと被検材との温度差の有無
(7) 探傷器　　　　　探傷器名，製造番号，点検年月日，増幅直線性，時間軸直線性，点検者名
(8) 探触子　　　　　種類，製造社名，製造番号，表示形式，不感帯，STB屈折角，SN比
(9) 検査結果　　　　ロットNo.，ロットの大きさ，抜取回数，サンプルの数，抜取率，不合格数，合格率，ロットの合否，検査位置
(10) 検査結果一覧表　検査結果，開先形状，板厚，溶接長，欠陥位置（X：溶接線方向の位置，Y：探触子溶接部距離，k：溶接線に直角方向の距離，W：ビーム路程，d：欠陥深さ），領域，欠陥指示長さ（L），欠陥評価長さ（L_e）および総和，合否判定，探傷屈折角，検査日，STB音速比，補修後の再検査結果
(11) その他　　　　　探傷治具の仕様，タンデム基準線の位置，エレクトロスラグ溶接溶込み幅，測定基準線の位置

　建築鉄骨溶接部の超音波探傷検査を実施するうえで使用されている検査記号は，「建築鉄骨溶接部の検査記号と表示方法指針」[1]に示された方法で表示されることが望ましい．ただし，当事者間でここに用いた表示方法で記載することが著しく困難であったり，また不都合が生じる場合はこの限りではない．

　1日に探傷可能な箇所数は，前処理の有無・溶接品質の良否・継手形状・板厚・一溶接線の長さ・製品の並び方・探傷作業の移動時間および探触子の種類などによって異なる．特に探傷前のケレンの有無，溶接品質の良否によるエコーの出現率および探傷作業の移動頻度によって探傷箇所数は著しく変化する．不良率が3〜5％程度，許容欠陥の出現率も10％程度と不安定だった数十年前の事例では，工場の探傷は80か所程度，現場では60か所程度が一般的な目安とされていたが，近年では不良率も1.0％以下，許容欠陥の出現率も数パーセント程度と安定してきてい

［注］　1）　構造物第三者検査機関協会：建築鉄骨溶接部の検査記号と表示方法指針

る．したがって，品質が安定し，かつスムーズに探傷作業が実施可能な条件下では探傷効率が向上するため，探傷可能な箇所数も過去に比べ増加する傾向にある．

以下に，「建築鉄骨溶接部の検査記号の表示方法指針」の抜粋を示す．

1. 検査位置の表示方法と記号

検査位置の表示方法と記号は以下とし，表示は部材を表す「部材記号」と検査箇所の高さ位置を表す「階」，方位を表す「方向」と部位を表す「部位記号」および「補助記号」，「枝番号」の組合せとする．

検査位置の表示例

　　2C2B ─5FL─ N ─□　　□　　□─□
　　部材記号　階　方向　部位記号と補助記号　枝番号

（1） 部材記号

部材記号の表示方法は表 8.1 および図 8.1 による．

（2） 階

階の表記は階を表す数字の後に FL または F をつける．中間階は M をつけ M2FL, M3FL または M2F, M3F のように表す．

（3） 方向

検査部位の平面位置はキープラン上の方位で表示する（図 8.2）．1 つの面に複数の同じ名称の検査部位がある場合には，方位の後に検査部位がある「側」を付け区別する．

（4） 部位記号

検査部位の記号は，表 8.2 のように表示する．

表 8.1 部材記号

部材名称	記号	表示方法例
柱	C	1C2B
梁	G	2G2C
クレーンガーダ	CG	2CGA1
トラス梁	TG	2TGB1
小梁	B	2B1A1
間柱	P	2P2A1
水平筋かい	H	2H3B1
垂直筋かい	V	2V4B1

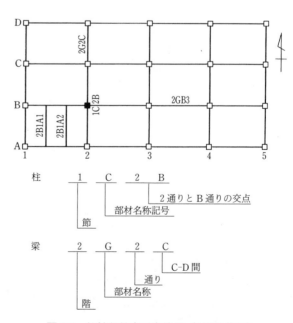

図 8.1 部材記号表示方法例（2 階梁伏図）

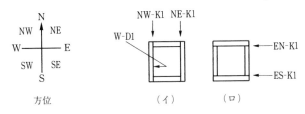

方位　　　　　　（イ）　　　　（ロ）

a) 方向は溶接部の有る方位で表す（例図イのW-D1）
b) 角溶接など同じ面に複数の同じ名称の検査部位がある場合には「方位」と「側」によって表示し、北面の西側の溶接部はNW（図イ）、東面の南側溶接部はESと表示する（図ロ）。

図 8.2　方位の表し方と記号例

表 8.2　検査部位記号

部位番号	部位名称	表示方法例（補助記号との組合せ）
C	柱	CU, CL, CWU, CWL
B	ブラケットの突合せ継手	BU, BW, BL, BU1, BU2, BL1, BL2
F	ブラケットのT継手	FU, FW, FL
S	垂直方向のスチフナまたはリブ	SU, SL, S1, S2, S3
R	水平方向のスチフナまたはリブ	RU, RL, R1, R2, R3
D	ダイアフラムのエレクトロスラグ溶接以外の溶接部	D1, D2, D3
E	ダイアフラムのエレクトロスラグ溶接	E1, E2, E3
K	角継手 スチフナ部の角継手	K1, K2, K3 SK1, SK2, SK3
V	ブレース 　　柱側ブレース 　　梁側ブレース 　　ブレースに対応する垂直方向スチフナ 　　ブレースに対応する水平方向スチフナ	 VCU, VCL VGU, VGL VSU, VSL VRU, VRL
G	梁の突合せ継手	GU, GW, GL
J	柱の突合せ継手　角形鋼管 　　　　　　　　ボックス柱 　　　　　　　　H, T, 十字柱のフランジ 　　　　　　　　　　　　　　　ウェブ 　　　　　　　　パイプ柱 　　　　　　　　遠心力鋳鋼管柱	CJ BJ FJ WJ PJ GJ
SP	シヤープレート	SP
GP	ガセットプレート　一般 　　　　　　　仕口部のガセット　柱側 　　　　　　　　　　　　　　　梁側	GPU, GPL, GP1, GP2, GP3 GUC, GLC GUG, GLG
BP	ベースプレート	BP

（5） 補助記号

同じ部材の同一階，同一方向に同じ部位記号の溶接が複数ある場合には，表 8.3 の補助記号によって表示する．補助記号は部位記号の後に続けて表示する．

（6） 枝番号

1 か所の溶接部を 2 以上に分割して表示する場合は，部位記号の後に表 8.4 の枝番号を付けて表示する．枝番号は「-」によって区切るか，枝番号を丸で囲み表示する．

2. 欠陥の位置の記号と表記方法

欠陥の位置の記号と表記は，以下とする．

（1） 溶接線の長さ方向の欠陥位置（記号 X）

 a） 片側開先溶接部（レ形，K 形など）は，開先加工側の部材表面から溶接線に向かい溶接線の左端を X の基準点とする．

 b） 両側開先溶接部（V 形，X 形など）のうち水平部材は，突き合わせる部材（柱からより遠い部材）から溶接線に向かい，溶接線の左端を X の基準点とする．
  垂直部材の場合には部材に立向かい溶接部の左端を X の基準点とする．

 c） 一溶接線の長さを分割して一検査単位とする場合（角継手など）には，分割番号の若い側の分割点を X の基準点とする．

 d） 工事現場溶接部の柱継手は柱に立向かい溶接線の左端を X の基準点とする．

 e） シャープレートは溶接線の上端を X の基準点とする．

 f） 角形鋼管柱は角部と直線部の接線を X の基準点とする．

（2） 溶接線の幅方向の欠陥位置（記号 k）

 a） 片側開先溶接部は開先を取らない側の面を k の基準点とし，開先側を +k とする．

 b） 両側開先溶接部は溶接幅の中心を基準点とし，X の基準点を左側としたとき手前側を +k とする．

表 8.3　補助記号

補助記号	表示方法	表示方法例
U，L 1，2，3	上下の場合 U（上），L（下），3 以上の場合 1，2，3 ただし内ダイアフラムには U，L の記号は用いない．	RU，RL，R1，R2，R3 D1，D2，D3，E1，E2，E3
1，2	同一方向の水平面内に 2 以上ある場合 1，2，3	BU1，BU2
W	ウェブ	GW，BW，FW

表 8.4　枝番号

枝番号	表示方法	表示方法例
1，2	「-」で区切り -1，-2，-3 または数字を丸で囲む．	D1-1，D1-2，D1①，D1②

c) I形開先（狭開先，エレクトロスラグ溶接など）は垂直部材については下側の開先面をkの基準点とし，上側を+kとする．水平部材はより柱に近い側の開先面をkの基準点とし，遠い側を+kとする．

(3) 深さ方向の欠陥位置（記号 d）

a) 欠陥の深さ方向の基準点は部材表面とする．板厚が異なる場合には薄い方の部材表面を基準とする．

b) 部材表面よりの深さを－（－記号省略）とし，部材表面より浅い方向を－表示とする．

3. 検査結果の記録形式

溶接部の形状・寸法および探傷の目的によって，要求される記録の形式が異なるのはやむを得ないが，本規準を使用する場合には標準的な記録の方法が考えられるので，参考までに記録形式および記録例を試験方法別に示す．

(a) 斜角一探触子法による超音波探傷検査記録例

表8.5～8.9からなる試験記録を一式取りまとめたものを検査報告書とする．この報告書の例は工場溶接部の場合を示したが，工事現場における溶接部の検査の場合でも使用できる．

表8.8は検査記録の詳細を示している．探触子により欠陥の評価が異なる場合には，欠陥評価に採用されたものを記録する．

表8.8が書類として膨大な量になる場合には，表8.7に示す検査結果の一覧表を作成すれば，合否のみを確認するうえで極めて便利である．

表8.9は欠陥位置の詳細を必要とする場合に便宜上作成するもので，必ずしも検査報告書に含める必要はない．

検査箇所数が多く，複数の検査技術者によって検査を行った場合には，それぞれの検査箇所と検査技術者が対応できるようにすることが望ましい．

(b) 垂直探傷法による超音波探傷検査記録

エレクトロスラグ溶接の場合の検査では，溶接部の内部欠陥の検出と溶込み幅の測定の2つの目的があり，記録方法も異なる．しかし，表8.10は共用できるので，報告書の最初に添付する．表8.11は垂直探傷法による検査結果一覧表を示したものである．表8.12，8.13は，溶込み幅測定の検査記録形式を示す．

この場合の欠陥評価は，境界点の測定結果からまず欠陥を溶込み指示幅の不足と境界点のずれに種類分けする．次に各欠陥指示長さが合否判定の対象とする欠陥かどうかを判断する．

これらの結果から，欠陥の評価長さの総和を求める．おのおのの欠陥評価長さまたは欠陥の評価長さの総和を基に合否を判定する．

表 8.5 斜角一探触子法の記録形式（１）

溶接部超音波探傷検査報告書

検査諸元

工事名称	○○ビル新築工事
検査範囲	第1節
検査発注者	○○建設会社
鉄骨製作工場	○○鉄骨工場
検査場所	○○工場
検査実施日	2018年4月1日～2018年4月30日
検査対象溶接部	完全溶込み溶接部
検査規準	日本建築学会　鋼構造建築溶接部の超音波探傷検査規準(2018) 引張応力が作用する溶接部
抜取検査仕様	日本建築学会　JASS 6
検査ロットの構成	溶接部300個以下毎
抜取数	30個
ロットの合否判定基準	Ac1＝1個, Re1＝4個／Ac2＝4個, Rc2＝5個（Ac：合格判定個数, Re：不合格判定個数）

検査技術者および資格

責任者/従事者	氏名	JIS	JSSC
検査責任者	○○○○	N1○○○○-UT レベル3	US-○○○
検査技術者	○○○○	N1○○○○-UT レベル2	US-○○○○
検査技術者	○○○○	N1○○○○-UT レベル2	US-○○○

検査条件

母材の材質：SN490B，SN490C，BCP325
板厚：6 mm～50 mm
溶接方法：ガスシールドアーク溶接・サブマージアーク溶接
接触媒質：グリセリンペースト
探傷面の状態：圧延肌
探傷感度：70°　STB A2　φ4×4 mm H線
感度補正量：0 dB（角形鋼管柱の角部＋4 dB）
STBと被検材との温度差の有無：無
協議事項その他

超音波探傷器

使用者	メーカー名	形式	製造No.	増幅直線性	時間軸直線性	点検年月日	点検責任者
○○	○○	○○-○	No 1234	＋1.0 %，−0.3 %	±0 %	2018.3.20	○○
○○	○○	○○-○	No 1235	＋0.8 %，−0.5 %	±0 %	2018.3.21	○○

斜角探触子

使用者	メーカー名	種類	製造No.	STB屈折角	入射点	不感帯	分解能	SN比
○○	○○	5C10×10A70	A123	70.0°	10 mm	4 mm	3 mm	24 dB
○○	○○		A456	69.5°	11 mm	5 mm	4 mm	26 dB

表 8.6　斜角および垂直一探触子法の記録形式（2）

キープラン

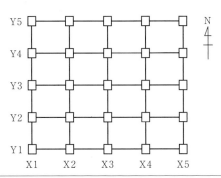

検査箇所記号

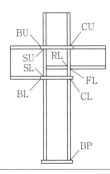
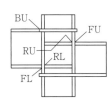

欠陥位置の記号

斜角探傷

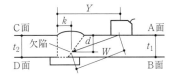
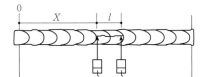

垂直探傷

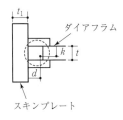
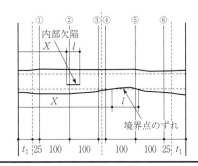

表 8.7 斜角一探触子法の記録形式（3）
超音波探傷検査結果一覧表

検査位置					超音波探傷検査		検査日	データNo.	補修後検査			備考
部材番号	階	方向	部位	枝番	合否	検査員			合否	検査日	検査員	
1CA2	2	N	CU		合格	小林	4/8					
			CL		合格	小林	〃					
		E	CU		合格	小林	〃	U1				
			CL		合格	小林	〃					
	3	S	CU		合格	小林	〃					
			CL		合格	小林	〃					
		W	CU		合格	小林	〃					
			CL		合格	小林	〃	U2				
1CB3	3	N	FU		合格	小林	〃					
			FL		合格	小林	〃					
		E	FU		合格	小林	〃	U3				
			FL		合格	小林	〃					
		S	FU		合格	小林	〃					
			FL		不合格	小林	〃	U4	合格	4/9	小林	
		W	FU		合格	小林	〃					
			FL		合格	小林	〃					
1CD4	2	E	BU		合格	小林	〃	U5				
			BL		合格	小林	〃					
		S	BU		合格	小林	〃					
			BL		合格	小林	〃					
		W	BU		合格	小林	〃					
			BL		合格	小林	〃					
1CE1	3	N	SU		合格	小林	〃					
			SL		合格	小林	〃					
		E	SU		合格	小林	〃					
			SL		合格	小林	〃					
		S	SU		合格	小林	〃					
			SL		合格	小林	〃					
		W	SU		合格	小林	〃					
			SL		合格	小林	〃					

表 8.8　斜角一探触子法の記録形式（4）

データNo.	ロット番号	検査位置					探傷長(mm)	板厚(mm)	開先形状	STB屈折角	欠陥位置(mm)					領域	欠陥指示長さ(mm)	欠陥評価長さ(mm)	総和(mm)	合否
		部材番号	階	方向	部位	枝番					X	Y	W	d	k					
U1	01-E-01	1CA2	2	E	CU		300	25	1	70.0	38	45	48	16	0	Ⅲ	14	14		合格
U2	〃	〃	3	W	CL		300	22	1	70.0	256	90	96	11	0	Ⅳ	18	18		合格
U3	〃	1CB3	3	E	FU		250	19	1	70.0	0	33	27	9	8	Ⅱ	23	23		合格
U4	〃	〃	〃	S	FL		250	25	1	70.0	190	53B	38	12	17	Ⅳ	45	45		不合格
U5	〃	1CD4	2	E	BU		200	25*32	6	70.0	46	36	34	12	4	Ⅲ	16	16		合格

【欠陥位置の表示】
　欠陥の長さ方向の位置は，欠陥指示長さの起点で示し，溶接線と直角および深さ方向の位置は最大エコー高さを示す位置で表示する．

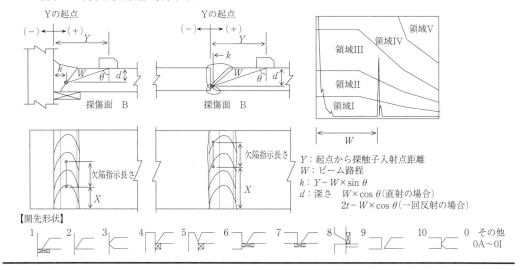

Y：起点から探触子入射点距離
W：ビーム路程
k：$Y - W \times \sin\theta$
d：深さ　$W \times \cos\theta$（直射の場合）
　　　　　$2t - W \times \cos\theta$（一回反射の場合）

【開先形状】

表 8.9 斜角一探触子法の記録形式（5）

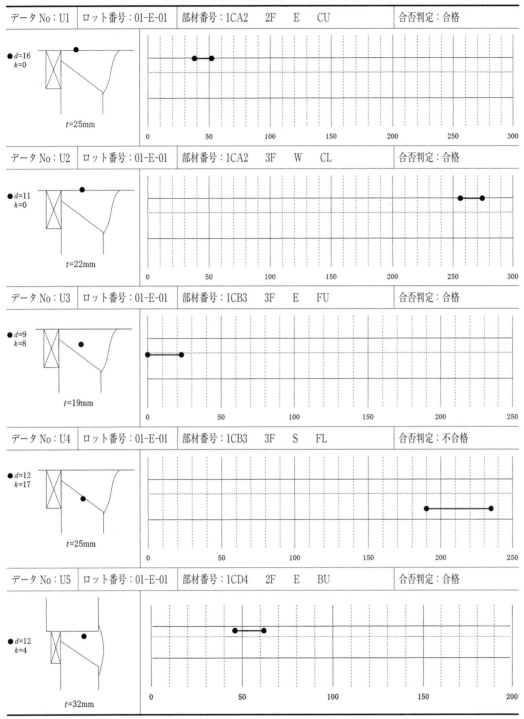

表 8.10 垂直探傷法の記録形式（1）
溶接部超音波探傷検査報告書

検査諸元

工事名称	○○ビル新築工事
検査範囲	第 1 節
検査発注者	○○建設会社
鉄骨製作工場	○○鉄骨工場
検査場所	○○工場
検査実施日	2018 年 4 月 1 日～2018 年 4 月 30 日
検査対象溶接部	完全溶込み溶接部
検査規準	日本建築学会　鋼構造建築溶接部の超音波探傷検査規準(2018) 引張応力が作用する溶接部
抜取検査仕様	日本建築学会　JASS 6
検査ロットの構成	溶接部 300 個以下毎
抜取数	30 個
ロットの合否判定基準	Ac1＝1 個，Re1＝4 個/Ac2＝4 個，Rc2＝5 個（Ac：合格判定個数，Re：不合格判定個数）

検査技術者および資格

責任者/従事者	氏名	JIS	JSSC
検査責任者	○○○○	N1 ○○○○-UT レベル 3	US-○○○
検査技術者	○○○○	N1 ○○○○-UT レベル 2	US-○○○○
検査技術者	○○○○	N1 ○○○○-UT レベル 2	US-○○○

検査条件

母材の材質：SN490B，SN490C
板厚：25 mm
溶接方法：ガスシールドアーク溶接・エレクトロスラグ溶接
接触媒質：グリセリンペースト
探傷面の状態：圧延肌
探傷感度：ARB(ϕ3.2) H 線，B_1＝80 %
感度補正量：なし
協議事項その他

超音波探傷器

使用者	メーカー名	形式	製造 No.	増幅直線性	時間軸直線性	点検年月日	点検責任者
○○	○○	○○-○	No 1234	＋1.0 %，－0.3 %	±0 %	2018.3.20	○○
○○	○○	○○-○	No 1235	＋0.8 %，－0.5 %	±0 %	2018.3.21	○○

垂直探触子

使用者	メーカー名	種類	製造 No.	不感帯	分解能	探傷感度
○○	○○	5C20N	P123	8 mm	6 mm	ARBϕ3.2 横穴 H 線
○○	○○	5C10N	P234	7 mm	5 mm	母材健全部 B1 80 %

表 8.11　垂直探傷法の記録形式（２）

検査位置					内部欠陥		全溶込み幅		検査日	データNo.	補修後検査			備考
部材番号	階	方向	部位	枝番	合否	検査員	合否	検査員			合否	検査日	検査員	
2CA3	3	N	E1	1	合格	藤田	合格	藤田	4/3					
			〃	2	合格	藤田	合格	藤田	〃					
	4	E	E2	1	合格	藤田	合格	藤田	〃					
			〃	2	合格	藤田	合格	藤田	〃					
	5	S	E1	1	合格	藤田	合格	藤田	〃					
			〃	2	合格	藤田	合格	藤田	〃					
2CB1	3	W	E2	1	合格	藤田	合格	藤田	〃					
			〃	2	合格	藤田	合格	藤田	〃					
	4	E	E3	1	合格	藤田	合格	藤田	〃					
			〃	2	合格	藤田	合格	藤田	〃					
	5	N	E2	1	合格	藤田	合格	藤田	〃					
			〃	2	合格	藤田	合格	藤田	〃					
2CE2	3	E	E1	1	合格	藤田	合格	藤田	〃					
			〃	2	合格	藤田	合格	藤田	〃					
	4	S	E2	1	合格	藤田	合格	藤田	〃					
			〃	2	合格	藤田	合格	藤田	〃					
	5	W	E1	1	合格	藤田	合格	藤田	〃					
			〃	2	合格	藤田	合格	藤田	〃					
2CF1	3	W	E2	1	合格	藤田	合格	藤田	〃					
			〃	2	合格	藤田	合格	藤田	〃					
	4	N	E2	1	合格	藤田	合格	藤田	〃					
			〃	2	合格	藤田	合格	藤田	〃					
	5	S	E3	1	合格	藤田	合格	藤田	〃					
			〃	2	合格	藤田	合格	藤田	〃					
2CF6	3	E	E1	1	合格	藤田	合格	藤田	〃					
			〃	2	合格	藤田	合格	藤田	4/3					
	4	S	E2	1	合格	藤田	合格	藤田	〃					
			〃	2	合格	藤田	合格	藤田	〃					
	5	W	E2	1	合格	藤田	合格	藤田	〃					
			〃	2	合格	藤田	合格	藤田	〃					

表 8.12 ダイアフラムのエレクトロスラグ溶接部の全溶込み幅の測定の記録形式（1）

検査位置				探傷長 (mm)	ダイアフラム板厚 (mm)	スキンプレート板厚 (mm)	測定点	測定値(mm)										合否判定	備考
部材番号	階	方向	部位					1	2	3	4	5	6	7	8	9	10		
2CA3	3	N	E1	500	25	25	上	2	3	3	4	4	4					合格	
							下	5	5	6	5	6	5						
							幅	32	33	34	34	35	34						
〃	4	E	E2	500	25	25	上	1	2	2	1	2	2					合格	
							下	3	4	3	4	5	4						
							幅	29	31	30	30	32	31						
〃	5	S	E1	500	25	25	上	5	5	6	5	6	7					合格	
							下	2	1	3	4	3	2						
							幅	32	31	34	34	34	34						
2CB1	3	W	E2	500	25	25	上	8	8	7	8	8	8					合格	
							下	0	2	3	2	2	1						
							幅	33	35	35	35	35	34						
〃	4	E	E3	500	25	25	上	2	2	3	2	3	3					合格	
							下	4	5	4	6	5	5						
							幅	31	32	32	33	33	33						
〃	5	N	E2	500	25	25	上	5	4	5	4	3	4					合格	
							下	2	4	3	4	4	4						
							幅	32	33	33	33	33	33						
2CE2	3	E	E1	500	25	25	上	5	6	7	6	7	7					合格	
							下	6	6	6	5	6	6						
							幅	36	37	38	36	38	38						
〃	4	S	E2	500	25	25	上	2	3	2	1	1	0					合格	
							下	1	3	3	4	5	4						
							幅	28	31	30	30	31	29						
〃	5	W	E1	500	25	25	上	3	3	2	3	4	3					合格	
							下	3	4	3	4	2	−2						
							幅	31	32	30	32	31	26						
2CF1	3	W	E2	500	25	25	上	6	6	5	6	7	6					合格	
							下	1	1	2	1	2	3						
							幅	32	32	32	32	34	34						
〃	4	N	E2	500	25	25	上	3	4	5	5	6	6					合格	
							下	4	3	5	4	5	4						
							幅	32	32	35	34	36	35						
〃	5	S	E3	500	25	25	上	3	4	5	4	5	5					合格	
							下	5	6	5	6	7	6						
							幅	34	34	34	36	36	36						
2CF6	3	E	E1	500	25	25	上	7	7	6	7	8	7					合格	
							下	2	3	4	3	5	4						
							幅	34	35	35	35	38	36						
〃	4	S	E2	500	25	25	上	−1	0	2	1	2	2					合格	
							下	3	4	3	4	2	4						
							幅	27	29	30	30	29	31						
〃	5	W	E2	500	25	25	上	3	4	4	3	2	1					合格	
							下	0	1	2	1	2	0						
							幅	28	30	31	29	29	26						

【全溶込み幅の測定】

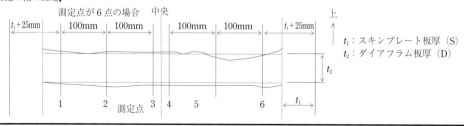

t_1：スキンプレート板厚（S）
t_2：ダイアフラム板厚（D）

表8.13 ダイアフラムのエレクトロスラグ溶接部の全溶込み幅の測定の記録形式（2）

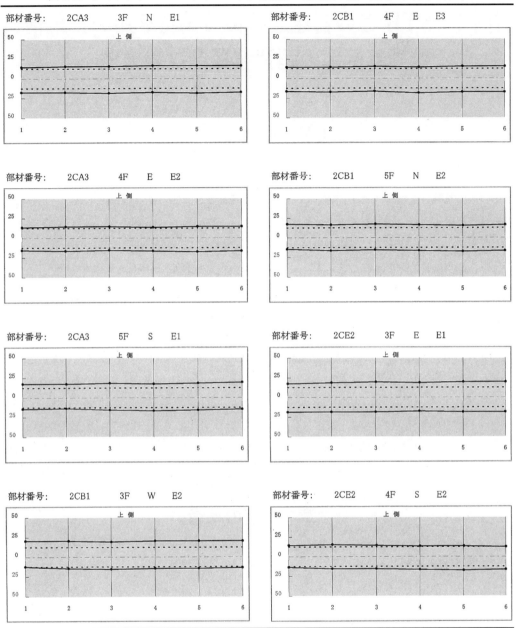

付則1 STBとの音速差のある鋼材を用いた鋼構造建築溶接部の超音波探傷試験方法

1章 総　　則

1.1　適用範囲

　この探傷試験方法は，本文4.1.1に示すSTBとの音速差を有する鋼構造部材の完全溶込み溶接部を超音波斜角探傷試験する場合に適用する．

　ただし，ここに規定する以外の事項は，本文による．また特別な調査研究により，その信頼性が確認された超音波探傷試験方法による場合は付則1によらなくてよい．

1.2　用　　語

　この探傷試験方法に使用される超音波探傷用語は，次に定義されたもの以外は本文1.3に規定されたものによる．

（1）　STB音速比　　横波の振動方向が被検材の探傷方向と一致するようにして測定された横波音速（V）とA1形STB，A2形系STBまたはA3形系STBで測定された横波音速（V_{STB}）との比（V/V_{STB}）．

（2）　STB屈折角度差　　A1形STB，A2形系STBまたはA3形系STBの標準試験片を用いて測定したSTB屈折角（θ_{STB}）と4.4で与えられた補正式によって求められる探傷屈折角との差（$\Delta\theta_e$）．

2章　探傷の準備

2.1　STB音速比の測定

2.1.1　STB音速比の測定装置

（1）　STB音速比（V/V_{STB}）の測定には，音速，音速比，板厚またはビーム路程を有効数字が3けた以上の精度で測定できる超音波装置と，被検材中に横波を垂直に伝搬させる横波垂直探触子を使用する．

（2）　板厚の測定には，有効数字が3けた以上の精度で測定できる寸法測定器を使用する．

（3）　横波垂直探触子には，振動方向を表示する．

（4）　横波垂直探触子による測定には，横波用の接触媒質を使用する．

2.1.2　使用する試験片

　STB音速比の測定には，被検材または被検材と同一鋼板から採取された平板状試験片のいずれかを使用する．

2.1.3 STB音速比の測定方法

STB音速比の測定は，下記のいずれかの方法によって行う．ただし，耐火鋼などの特殊な鋼材は（1），（2）または（3）のいずれかの方法とし，（4）を用いないものとする．

（1） 音速計による場合

横波垂直探触子の振動方向が，被検材の探傷方向と一致するようにして測定された横波音速 C_S(m/s) とSTBで測定された横波音速 C_{STB}(m/s) との比を（1）式によって小数点以下3けたまで求め，これをSTB音速比とする．

$$V/V_{STB} = C_S/C_{STB} \tag{1}$$

（2） 超音波厚さ計による場合

寸法測定器により測定した被検材およびSTBの板厚を t_M(mm)，t_{SM}(mm) とする．また横波垂直探触子の振動方向が，被検材の探傷方向と一致するようにして得られた板厚とSTBで得られた板厚をそれぞれ t_S(mm)，t_{STB}(mm) とする．これらの比を（2）式によって小数点以下3けたまで求め，これをSTB音速比とする．

$$V/V_{STB} = (t_M \cdot t_{STB})/(t_{SM} \cdot t_S) \tag{2}$$

（3） 超音波探傷器による場合

寸法測定器により測定した被検材およびSTBの板厚を t_M(mm)，t_{SM}(mm) とする．また横波垂直探触子の振動方向が，被検材の探傷方向と一致するようにして得られた第1回底面エコーのビーム路程とSTBで得られた第1回底面エコーのビーム路程を，それぞれ W_S(mm)，W_{STB}(mm) とする．これらの比を（3）式によって小数点以下3けたまで求め，これをSTB音速比とする．

$$V/V_{STB} = (t_M \cdot W_{STB})/(t_{SM} \cdot W_S) \tag{3}$$

（4） 板厚が測定できない場合

板厚の測定が困難で上記（1），（2），（3）の方法ではSTB音速比の測定ができない場合は，以下の方法を適用する．

横波垂直探触子の振動方向が，被検材の主圧延方向（L 方向）と一致するようにして測定された板厚（t_L），または第1回底面エコーのビーム路程（W_L）と横波の振動方向を主圧延方向に直角な方向（C 方向）に一致するようにして測定された板厚（t_C）または第1回底面エコーのビーム路程（W_C）との比をそれぞれ（4）式によって求め，これを音速比（C_{SL}/C_{SC}）とする．

$$C_{SL}/C_{SC} = t_C/t_L = W_C/W_L \tag{4}$$

次に，（4）式の音速比を（5）式に代入して L 方向のSTB音速比とし，また（6）式に代入して C 方向のSTB音速比とする．

$$V/V_{STB} = 0.4182 + 0.5894(C_{SL}/C_{SC}) \tag{5}$$

$$V/V_{STB} = 1.4053 - 0.3977(C_{SL}/C_{SC}) \tag{6}$$

2.2 STBとの音速差の有無の判定

STBとの音速差の有無の判定は，被検材の板厚および使用する探触子の公称屈折角ごとに行

い，付則1表1のSTB音速比の範囲を超えるものを，STBとの音速差があると判定する．ただし，公称屈折角45°の探触子を用いて探傷する場合は，STB音速比にかかわらずSTBとの音速差がないものと判定する．

付則1表1　STBとの音速差の有無の判定

被検材の板厚 (mm)	公称屈折角70°の探触子を用いて探傷する場合	公称屈折角65°の探触子を用いて探傷する場合
$6 \leq t \leq 25$	$0.990 \leq V/V_{STB} \leq 1.020$	$V/V_{STB} \leq 1.030$
$25 < t \leq 75$	$0.995 \leq V/V_{STB} \leq 1.015$	$V/V_{STB} \leq 1.025$
$75 < t$		$0.995 \leq V/V_{STB} \leq 1.025$

2.3　判定結果の処置

被検材がSTBとの音速差がないと判定された場合は，本文4章に規定した斜角探傷法により探傷を行う．またSTBとの音速差があると判定された場合は，被検材の板厚およびSTB音速比に応じて付則1表2に示す探触子を用いて，4章および5章に基づいて探傷を行う．

付則1表2　探触子の選定

被検材の板厚 (mm)	STB音速比	使用探触子の公称屈折角
$6 \leq t \leq 25$	$V/V_{STB} < 0.990$ $1.020 < V/V_{STB} \leq 1.030$	70°または65°
	$1.030 < V/V_{STB}$	65°
$25 < t \leq 75$	$V/V_{STB} < 0.995$	70°または65°
	$1.025 < V/V_{STB} \leq 1.055$	65°
	$1.055 < V/V_{STB}$	60°
$75 < t$	$V/V_{STB} < 0.995$	65°
	$1.025 < V/V_{STB}$	60°

3章　斜角探触子

3.1　公称屈折角およびSTB屈折角

斜角探触子の公称屈折角は45°，60°，65°または70°のいずれかとし，JIS Z 3060に規定する性能を有するものとする．ただし，使用時のSTB屈折角（θ_{STB}）は，公称屈折角の±1°以内に修正する．

3.2　探触子のSTB屈折角の測定

A1形STBまたはA3形系STBを用いて，0.5°の単位で測定する．

4章　探傷屈折角の算出方法（STB屈折角の補正方法）

STB屈折角を下記のいずれかの方法で補正し，探傷屈折角を求める．

4.1　スネルの法則による方法

2.1.3の（1），（2）または（3）のいずれかの方法でSTB音速比を測定し，探傷屈折角 θ_S をスネルの法則に従って，（7）式によって0.1°の単位で求める．

$$\theta_S = \sin^{-1}(V/V_{STB} \times \sin\theta_{STB}) \tag{7}$$

θ_{STB}：STB屈折角

4.2　V透過法による方法

探傷に使用する斜角探触子と同じ形式の探触子を用いて，付則1図1に示すようなV走査の配置で，最大透過パルス強度が得られるように探触子位置を調整する．このときの入射点間距離（Y）および実測板厚（t）から（8）式によって探傷屈折角（θ_V）を0.1°の単位で求める．

$$\theta_V = \tan^{-1}(Y/2t) \tag{8}$$

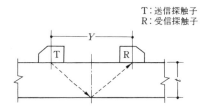

付則1図1　V透過法による方法

4.3　対比試験片による方法

探傷に使用する斜角探触子および試験体と同等の音響特性の鋼材で製作された対比試験片を用いて，付則1図2に示すように，標準穴からのエコー高さが最大になるように探触子位置を調整する．このときの標準穴と入射点との間の距離（y）および標準穴の深さ位置（d）から式（9）によって探傷屈折角（θ_R）を算出し，0.1°単位で求める．

$$\theta_R = \tan^{-1}\left(\frac{y}{d}\right) \tag{9}$$

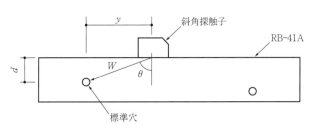

付則1図2　対比試験片による方法

4.4 補正式による方法

STB との音速差を有する被検材では，使用する探触子の STB 屈折角に適合する補正式(10)(11)または(12)を用いて，STB 音速比に応じた STB 屈折角度差（$\Delta\theta$）を求める．STB 屈折角（θ_{STB}）に STB 屈折角度差を加え，これを探傷屈折角（θ_e）とする．

（1） $59°\leqq\theta_{STB}\leqq61°$ の場合；$\Delta\theta=118.74(V/V_{STB})-119.78$ (10)

（2） $64°\leqq\theta_{STB}\leqq66°$ の場合；$\Delta\theta=155.50(V/V_{STB})-157.15$ (11)

（3） $69°\leqq\theta_{STB}\leqq71°$ の場合；$\Delta\theta=192.72(V/V_{STB})-194.07$ (12)

5章　反射源位置の推定方法

L 線を超えるエコーを検出した場合，その反射源位置は探触子溶接部距離，ビーム路程および探傷屈折角を用いて推定する．

付則1 STBとの音速差のある鋼材を用いた鋼構造建築溶接部の超音波探傷試験方法・解説

1章 総則

1.1 適用範囲

　鋼構造建築物の高層化,大型化等により極厚鋼材の使用実績が増大したことなどに伴い,鋼材の製法が制御圧延など多様化してきている.一般に,通常よりやや低温で圧延された鋼材では主圧延方向とそれに直角方向とで結晶の集合組織に等方性が得られず「音響異方性」と呼ばれる現象があることが判明している[1]).

　また,鋼構造建築溶接部の超音波探傷において,被検材の探傷方向の横波音速と標準試験片A1形STB,A2形系STBまたはA3形系STBの横波音速に差異がある場合,標準試験片を用いて測定した屈折角(STB屈折角)と被検材の屈折角(探傷屈折角)との差異を把握しないと,欠陥位置の推定および裏当て金付溶接部のルート部からのエコーの判別などが困難になることが指摘されている[2]).したがって,付則1では被検材の探傷方向と標準試験片の横波音速差の測定結果に基づいた超音波斜角探傷試験方法を示すこととした.

　被検材の探傷方向とA1形STB,A2形系STBまたはA3形系STBの横波音速に差異があるか否かは厳密には両者の測定結果によらなければ不明であるが,鋼構造建築物に使用される鋼材でA1形STB,A2形系STBまたはA3形系STBと音速差のあるものが,少なからず存在していることが判明している[6]).したがって,鋼材の製造工程上その可能性がある場合は,鋼材の購入時に音響異方性の有無およびその程度に関して,メーカーと打合せすることが望ましい.

　従来の探傷作業において,以下に示すような特徴的な現象が生じた場合はSTBとの音速差がある可能性が高いので,付則1に基づく探傷を行うことが適切である.

（1）その工場の通常の欠陥の発生率と著しく異なる.
（2）通常見られる妨害エコーも検出されず,見かけ上無欠陥状態を呈する.
（3）エアアークガウジングをしても欠陥が確認できない.
（4）補修溶接しても再検査前と同様の欠陥エコーが検出される.

　また,付則1による検査方法は従来法に比べて作業能率が低下するので,工期,検査費用などへの影響も考えられる.したがって,付則1を適用するにあたっては,材料の発注前にSTB音速比の測定と管理についての要領書を関係者で作成することとし,その作業の中で鋼材の製造方法,流通経路や鋼構造建築物の製造方法,工期,費用とそれらの管理方法を十分に協議し,解決方法を見出し,施工時の基準とすることが大切である.また,特記仕様書への明記など,事前に検討されていることが望ましい.

2章　探傷の準備

2.1　STB音速比の測定

　鋼材は一般に製造工程での圧延方法，圧延温度や熱処理条件，化学組成等によって弾性的な性質が異なることとなり，結果として材料ごとに，その材料中を伝搬する縦波および横波の音速が異なることになる．したがって，標準試験片（A1形STB，A2形系STBまたはA3形系STB）と実際に使用する鋼材で音速が異なることはごく一般的なことであるが，従来の圧延材では斜角探傷時の屈折角に影響を与えるほど顕著ではなかったし，超音波の伝搬方向によって音速が異なることはなく弾性的に等方性と見なせた．

　しかし近年，溶接性の向上，高強度化，高靱性化を目的とした，いわゆる制御圧延法が開発され，この圧延法による鋼材では，程度の差はあるが圧延集合組織に起因して，超音波の伝搬方向によって音速が異なるなど超音波特性が異なる弾性（音響）異方性が見られる．これらの音響異方性を有する鋼材では一般に主圧延方向（L方向）に振動して板厚方向に伝搬する横波音速C_{SL}は，主圧延方向に直角な方向（C方向）に振動して板厚方向に伝搬する横波音速C_{SC}より速い．付則1図2.1に示すように，横波の振動方向を主圧延方向から45°の方向に一致させたときには，これら2つの音速の異なる横波が同時に伝搬し，両者の音速差が大きいときには底面エコーは2つに分離する．

　斜角探触子の屈折角は，一般にA1形STBまたはA3形系STBによって測定しており，実際の鋼材での横波音速がA1形STBまたはA3形系STBと異なる場合，被検材中での実際の屈折角はA1形STBまたはA3形系STBで測定した値とは異なることとなり，反射源の位置の推定精度を悪化させる．本試験法では音響異方性による横波音速の変化だけでなく，異方性はない

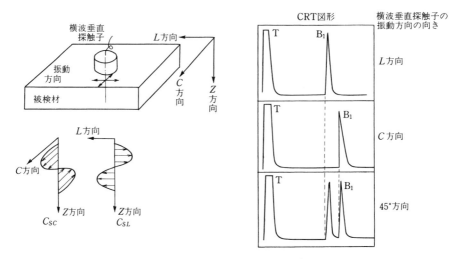

付則1図2.1　STB音速比の測定法

が，単に STB とは音速が異なる場合も考慮して，STB 音速比を測定して判断することとした．そしてこの STB 音速比がある一定値以上の差を生じた場合は，探傷屈折角を求め，反射源位置の推定精度を向上させることとした．

2.1.1 測定装置

STB 音速比の値により STB 屈折角の補正の要否および探傷屈折角を正確に求めるため，測定は高精度で行う必要がある．音速計による場合がもっとも精度が良いが，一般的ではないので超音波厚さ計および超音波探傷器での測定方法も採用している[3]．

板厚の測定精度は音速の測定精度に直接影響するので，被検材の板厚測定には，マイクロメータなど機械的寸法測定器を用い，有効数字 3 けた以上で測定することが望ましい．横波音速がA1 形 STB，A2 形系 STB または A3 形系 STB と異なるような被検材では縦波音速も STB と異なることがあるため，超音波厚さ計（縦波用）によって被検材の板厚を測定する場合は，被検材の縦波音速を確認しなければならない．

横波垂直探触子から発生する横波はある一方向にのみ振動する横波であり，その振動方向がわかるように探触子に振動方向が表示されていることが必要である．また横波はグリセリン，水，油などの接触媒質では被検材中に伝搬しえないため，必ず横波用と明示された接触媒質を使用しなくてはならない．

2.1.3 STB 音速比の測定方法

（4）の方法を除いて，あらかじめ A1 形 STB，A2 形系 STB または A3 形系 STB および被検材の板厚をマイクロメータなどで測定しておく．その値をおのおの t_{SM}(mm)，t_M(mm) とする．

（1） 音速計による場合

音速計としてはパルスエコーオーバラップ法やシングアラウンド法など[4]によるものが市販されており，1% 以上の精度で音速を測定することが可能である．以下に測定手順を示す．

① A1 形 STB，A2 形系 STB または A3 形系 STB に横波垂直探触子を適用し，B_1 と B_2 の間の伝搬時間を測定し，これを τ_{STB}（μsec）とする．この時，横波の振動方向はどちらを向いてもよい．

② 被検材を斜角探傷する場合の斜角探触子の向き（以下，探傷方向という）と横波垂直探触子の振動方向が同一方向となるように横波垂直探触子を被検材に適用し，B_1 と B_2 との間の伝搬時間を測定し，これを τ_S（μsec）とする．

③ これらの測定値から，A1 形 STB，A2 形系 STB または A3 形系 STB および被検材の音速 C_{STB} および C_S は，おのおの次式となる．

$$C_{STB}=2\times t_{SM}/\tau_{STB}, \qquad C_S=2\times t_M/\tau_S$$

④ C_S/C_{STB} をもって STB 音速比とする．

（2） 超音波厚さ計による場合

① 超音波厚さ計に横波垂直探触子を接続し，A1 形 STB，A2 形系 STB または A3 形系 STB に探触子を適用して，その板厚表示値があらかじめ測定した STB の板厚 t_{SM} と小数

点以下2けた以上一致するように原点調整および音速調整つまみを調整する．このときの表示値を t_{STB} とする（$t_{STB} ≒ t_{SM}$）．

② 被検材の探傷方向と横波垂直探触子の振動方向が一致するように横波垂直探触子を適用し，この時の板厚表示値を読み取り，これを t_S とする．

③ STB音速比 V/V_{STB} は次式となる．

$$V/V_{STB} = (t_M \cdot t_{STB})/(t_{SM} \cdot t_S) ≒ t_M/t_S$$

（3） 超音波探傷器による場合

① 超音波探傷器に横波垂直探触子を接続し，A1形STBに探触子を適用してA1形STBの25 mm厚さの多重反射エコーにより超音波探傷器の測定範囲を調整する．このとき，測定範囲は被検材の板厚に応じ必要最小限とする．

② A1形STBで得られる第1回底面エコーのビーム路程を 0.1 mm 以下の単位で読み取り，この値を W_{STB} とする（$W_{STB} ≒ t_{SM}$）．

③ 被検材の探傷方向と横波垂直探触子の振動方向が一致するように探触子を適用し，第1回底面エコーのビーム路程を 0.1 mm 以下の単位で読み取り，この値を W_S とする．

④ STB音速比 V/V_{STB} は次式となる．

$$V/V_{STB} = (t_M \cdot W_{STB})/(t_{SM} \cdot W_S) ≒ t_M/W_S$$

（4） 板厚が測定できない場合

STB音速比（V/V_{STB}）と音速比（C_{SL}/C_{SC}）には，付則1図2.2に示すような相関関係が報告されている．したがって，箱形断面柱などのように板厚の正確な測定が困難な場合は，被検材の主圧延方向に振動する横波音速と主圧延方向に直角な方向に振動する横波音速の比によって求めた音速比より間接的にSTB音速比を求める方法を示した．ただし，耐火鋼な

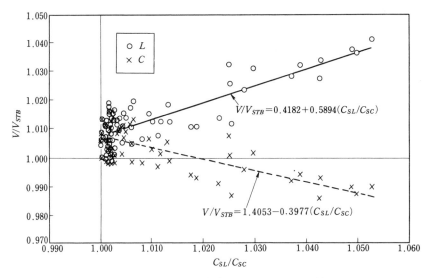

付則1図2.2 STB音速比と C_{SL}/C_{SC} の関係

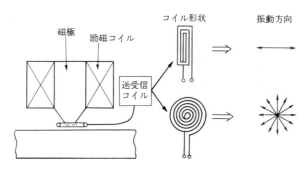

付則1 図 2.3 横波電磁超音波探触子

どの特殊な鋼材では，STB音速比と音速比の関係が付則1図2.2に示す結果と異なる傾向を示すことがある．したがって，耐火鋼などの特殊な鋼材のSTB音速比は，寸法測定器により測定した板厚を用いて本文(1)(2)(3)の方法により求めることにした．

① 横波垂直探触子の振動方向が被検材のL方向と一致するように探触子を適用し，(1)法の場合ではB_1とB_2の伝搬時間を測定しこれをτ_L，(2)法の場合では表示値をt_L，(3)法の場合では読み取り値W_Lとする．

② 次に振動方向がC方向と一致するように，被検材上のその位置で探触子を回転して，同様にτ_C，t_C，W_Cを測定する．

③ 音速比C_{SL}/C_{SC}は次式となる．

$$C_{SL}/C_{SC} = \tau_C/\tau_L = t_C/t_L = W_C/W_L$$

④ STB音速比はこの値を用い，付則1(5)(6)式より算出する．

この音速比の測定は，付則1図2.3に示すような横波電磁超音波探触子を用いると比較的簡便に測定できる[5]．横波電磁超音波探触子は，接触媒質が不要であり，一方向に振動する（矩形コイルを内蔵したもの）横波または全半径方向に振動する（円形コイルを内蔵したもの）横波を送受信可能である．このうち，全方向振動横波を送受信する電磁超音波探触子を使用すると，試験体の主圧延方向が不明の場合にも，音速比の測定が可能である．

2.2 STBとの音速差の有無の判定

STBとの音速差を有する鋼材では，STB音速比の大小にともなって探傷屈折角などが変化するため，反射源位置の推定に誤差が生じたり，また，裏当て金付溶接部のルート部からのエコーの判別などが困難になる場合がある．

付則1図2.4は，屈折角の変化にともなう反射源の推定位置のずれを被検材の板厚ごとに示したものである．屈折角の変化量が大きくなるほど，また板厚が厚くなるほど，反射源の推定位置のずれは大きくなることが明らかである．また，屈折角の変化量が同じでも探触子の屈折角が大きくなるほど，すなわち公称屈折角45°よりは70°の探触子の方が，反射源の推定位置のずれは大きくなるといえる．たとえば，STBとの音速差を有するために探傷屈折角が10°も変化するような鋼材では，公称屈折角70°の探触子を用いた場合，反射源位置の変化量は正規の深さの2

倍にもなる．

したがって，付則1では反射源位置のずれと屈折角の変化量および板厚を考慮して，使用する探触子ごとにSTBとの音速差の有無の判定の境界値を規定することとした．なお，付則1表1に示すSTBとの音速差の有無の判定の境界値すなわちSTB音速比を，ここでは屈折角の変化量に換算して付則1図2.4に実線で示した．反射源位置のずれは，等方性材料における反射源位

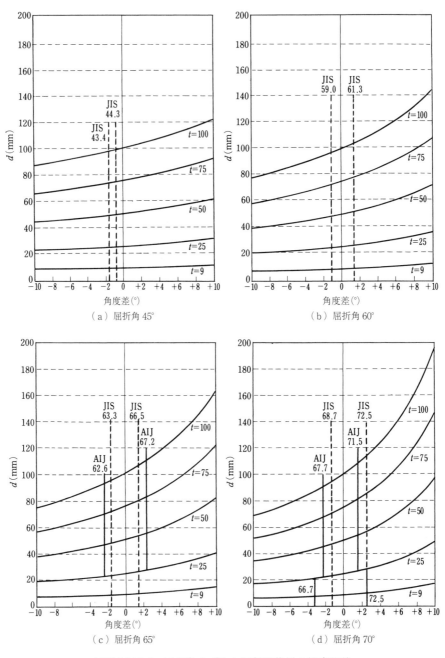

付則1図2.4 屈折角のずれと反射源位置の推定誤差

置の推定精度が±3mm程度と考えられるところから，この値を一応の目安と考えた．ただし，図から明らかなように，板厚が厚くなるとこの値に対応する許容できる屈折角度差（STB音速比）が極めて小さな範囲となるため，厚板では薄板よりも反射源の推定位置の誤差が大きくなることを許容することとした．すなわち，STB音速比が付則1の規定値以内にあれば，屈折角65°，70°の反射源位置の推定誤差は板厚が9mmから25mmの場合で約±1mm～約±3mmとなり，板厚が25mmから100mmで約±2mm～約±9mmとなるようにした．屈折角45°の探触子では，STB音速比が0.920または1.060程度で板厚が100mmの鋼材でも，反射源位置の推定誤差は約±6mm以下となる．さらに，現状ではSTB音速比が0.920未満となるような建築用鋼材または逆に1.060を超えるような鋼材はほとんどないと判断されるため，STB音速比の値にかかわらず，STBとの音速差はないものとした．

2.3 判定結果の処理

STBとの音速差がある場合，探傷屈折角が変化するためにこれを補正する必要がある．しかし，探傷屈折角を補正すればSTBとの音速差を有する鋼材すべてを支障なく探傷できるかというとそうではない．屈折角の補正には限界がある．特に，STB音速比が1.060程度の鋼材（L方向）で屈折角70°の探触子を用いた場合，屈折角が大きくなるほか，付則1図2.5に示す前後走査グラフから明らかなように，欠陥の最大エコーが検出しにくくなるとともに表面波成分が多くなり，探傷感度も著しく低下するなどの影響も現れやすくなる．

したがって，付則1では被検材の板厚を3段階に区切り，被検材のSTB音速比に適応した探触子と探傷方法が選定できるようにした．この規定によれば，音速変化にともなう探傷屈折角の変化は公称屈折角の約±5°以下となり，かつ250mm以下の測定範囲での探傷がほぼ可能となる．また，探傷感度の著しい低下も生じないと考えられる．

付則1図2.6および2.7は，付則1本文の付則1表2を図示したものである．

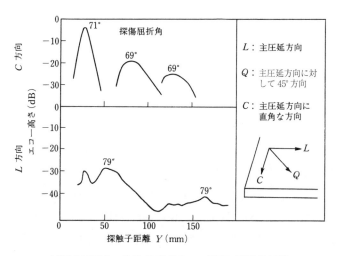

付則1図2.5 前後走査グラフ（STB屈折角70°）

被検材の板厚 (mm)	STB音速比									
	0.970	0.980	0.990	1.000	1.010	1.020	1.030	1.040	1.050	1.060
$6 \leq t \leq 25$	$\theta=70°$ 探傷屈折角			$\theta=70°$ STB屈折角			70° 探傷屈折角	$\theta=65°$ 探傷屈折角		
$25 < t \leq 75$	$\theta=70°$ 探傷屈折角			$\theta=70°$ STB屈折角			65° STB屈折角	$\theta=65°$ 探傷屈折角		$\theta=60°$ 探傷屈折角

付則1図2.6 屈折角70°を使用する溶接部

被検材の板厚 (mm)	STB音速比									
	0.970	0.980	0.990	1.000	1.010	1.020	1.030	1.040	1.050	1.060
$6 \leq t \leq 25$	$\theta=65°$ STB屈折角						$\theta=65°$ 探傷屈折角			
$25 < t \leq 75$	$\theta=65°$ STB屈折角						$\theta=65°$ 探傷屈折角			$\theta=60°$ 探傷屈折角
$75 < t$	$\theta=65°$ 探傷屈折角			$\theta=65°$ STB屈折角			$\theta=60°$ 探傷屈折角			

付則1図2.7 屈折角65°を使用する溶接部

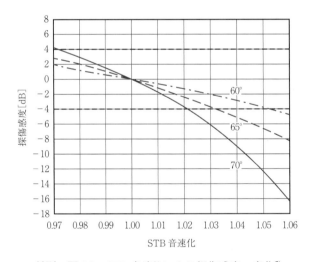

付則1図2.8 STB音速比による探傷感度の変化[7]

2.4 STB音速比による探傷感度への影響

STB音速比によっては，探傷屈折角が変化するだけでなく，探傷感度も変化する．付則1図2.8に示すように，STB音速比が大きくなると探傷感度は低下し，STB音速比が小さくなると探傷感度は増加する．その程度は，使用する探触子の公称屈折角が大きい方が影響は大きく，公称屈折角が70°ではSTB音速比が1.02を超えた場合，また公称屈折角が65°ではSTB音速比が

1.03を超えた場合に，探傷感度が−4dBを超えて低下する．そのため，探傷屈折角が72°を超えるような場合には，探傷感度の低下を考慮するか，公称屈折角が65°または60°の探触子を用いて探傷感度が低下しないようにする必要がある．

3章　斜角探触子

3.1　公称屈折角およびSTB屈折角

鋼構造建築溶接部の超音波探傷試験において，STBとの音速差を有する鋼材ではSTB音速比に応じて使用する探触子の公称屈折角を選択しなければならない．音速比が大きくなる場合，60°の探触子を用いなければならない場合もある．なお，STBとの音速差を有する鋼材のL方向では指向性がより一層鈍くなるため，2MHz，10×10の探触子はできるだけ用いないほうがよい．

実際に用いる探触子のSTB屈折角を±1°以内に修正するようにしたのは，付則1の4章に述べたSTB屈折角度差を求める補正式が煩雑になることを避けたためである．

3.2　探触子のSTB屈折角の測定

STB屈折角の測定にはA1形STBまたはA3形系STBのいずれかの標準試験片が用いられる．ただし，STB-A3には65°の屈折角を測定するための目盛表示がないため，STB屈折角を直読することができない．この場合の測定方法は，解説4.1.4を参照されたい．

4章　探傷屈折角の算出方法（STB屈折角の補正方法）

4.1　スネルの法則による方法

この方法は，STB音速比から反射屈折の法則であるスネルの法則を用いて，簡便に探傷屈折角を求めるものであり，JIS Z 3060にも規定されている方法である．なお，音響異方性をもつ鋼材はSTBとは異なり，種々の方向で音速に等方性がない．反射源位置の推定に疑問が生じた場合には，V透過法または対比試験片による方法によって，探傷屈折角を求めることが望ましい．

4.2　V透過法による補正

JIS Z 3060にも規定されているV透過法による測定を行う場合，探傷に使用する斜角探触子と同一形式で，両者の屈折角度差が1°以内，かつビーム中心軸の偏りの少ない探触子を使用することが望ましい．また，付則1写真4.1に示すような治具を用いると，簡便でしかも精度の良い測定が可能である．

なお，V透過法による方法は直接探傷屈折角を求める方法であり，STB音速比による補正手順なしに適用することができる．また，STB音速比による補正から求めた探傷屈折角を用いて反射源位置の推定を行ったとき，その判定に疑問が生じたときには，V透過法によって求めた探傷屈折角を用いて再検討することが望ましい．

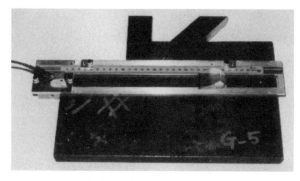

付則1写真4.1 V走査治具

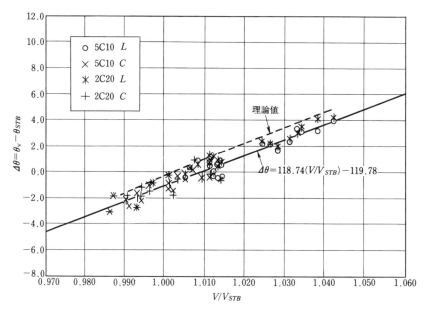

付則1図4.1 探傷屈折角とSTB屈折角の角度差（$59° \leq \theta_{STB} \leq 61°$）

4.3 対比試験片による方法

鋼材における板厚方向の音速は厳密には異なることから，鋼材表層部では音速が速く，鋼材中央部では音速が遅くなる傾向がある．したがって，鋼材表層部では探傷屈折角が大きく，鋼材中央部では探傷屈折角が小さくなることから，反射源位置によっては使用する探傷屈折角が異なることがある．そのため，対比試験片による方法も規定した．

4.4 補正式による方法

付則1の4.4で規定した探傷屈折角の補正式は，付則1図4.1, 4.2および4.3に示すようにV透過法の実験より求めた補正式である．また同図中の破線は斜方晶モデルを用いて計算から求めた屈折角度差である．実験結果と計算結果とは必ずしも一致しないが，両者は良く対応しているといえる．実験値と理論値に約±1°の誤差が見られる原因は，探触子の指向性や板厚方向の音速分布などが影響していると考えられる．

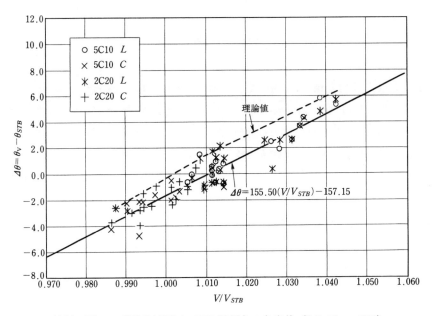

付則1図4.2 探傷屈折角とSTB屈折角の角度差（$64° \leq \theta_{STB} \leq 66°$）

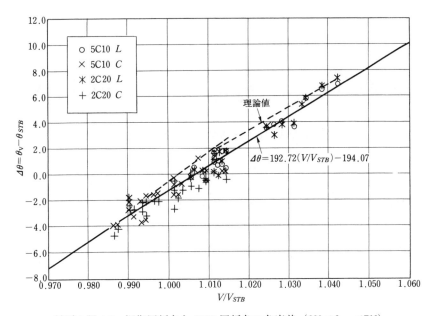

付則1図4.3 探傷屈折角とSTB屈折角の角度差（$69° \leq \theta_{STB} \leq 71°$）

ただし横波垂直探触子では，被検材の主圧延方向（L方向）または主圧延方向に直角な方向（C方向）のSTB音速比しか測定できないので，その方向と同じ方向とならない溶接部は，4.2項に述べるV透過法により探傷屈折角を測定しなければならない．

5章 反射源位置の推定方法

対比試験片の横穴（φ3.2 mm）を用いて反射源位置の推定精度を調査した結果を付則1図5.1に示す．ここでは，STB屈折角（θ_{STB}）と各被検体ごとにV走査法により求めた探傷屈折角（θ_V）とさらに本付則の4.4項に規定した補正式により求めた探傷屈折角（θ_e）の3つの屈折角を用いた場合の反射源位置の推定精度を比較した．

公称屈折角60°の探触子の結果では，3方法の反射源位置の推定精度は，ほぼ同程度と見なすことができる．公称屈折角65°，70°の結果では，STB屈折角を用いた場合の深さの誤差（Δd）が大きくなるとともに，ばらつきも大きくなることが明らかである．ただし，4.4項の補正式により求めた探傷屈折角やV走査法により求めた探傷屈折角を用いた結果では，深さの誤差のばらつきが1 mm以下と小さくなる．

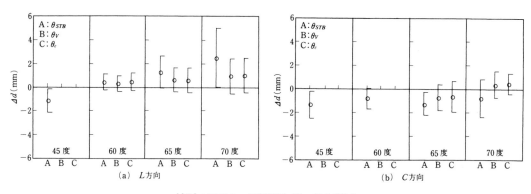

付則1図5.1 反射源位置の推定精度

（参考文献）

1) 日本鉄鋼協会非破壊検査小委員会：音響異方性を有する鋼溶接部の超音波斜角探傷法，鉄と鋼，1987.6

2) 倉持　貢ほか：音響異方性を有する建築鉄骨溶接部の超音波探傷試験に関する研究，日本建築学会大会学術講演梗概集，1988.10

3) JIS Z 2353-2003：「超音波パルス反射法及び透過法による固体音速の測定法及び表示法」

4) JIS R 1602-1986：「セラミックスの弾性率試験方法」

5) 宇田川建志ほか：厚板異方性の非破壊測定，非破壊検査，Vol. 36，No. 9A，1987

6) 日本建築学会材料施工委員会鉄骨工事運営委員会：建築鉄骨工事の新たな課題への取り組み；鉄骨工事運営委員会調査研究報告会資料集，2010.5

7) 笠原基弘，加賀美安男，廣重隆明，嶋　徹，下川弘海，中込忠男：溶接欠陥の発生と溶接継手の健全性を考慮した超音波斜角探傷方法に関する研究，日本建築学会構造系論文集，669号，2011.11

付則2　固形エンドタブを用いた梁端フランジ溶接始終端部の超音波探傷検査方法

1章　総　　則

1.1　適用範囲
　この検査方法は，固形エンドタブを用いて梁端のフランジを完全溶込み溶接とする溶接部の始終端（以下，梁端フランジ溶接始終端部という）を斜角一探触子法によって探傷する場合に適用する．
　ただし，ここに規定する以外の事項は本文による．また特別な研究により，その信頼性が確認された超音波探傷試験方法による場合は付則2によらなくてよい．

1.2　適用板厚
　適用する板厚は 16 mm 以上 40 mm 以下を原則とする．ここで，板厚とは梁フランジの板厚を指す．

1.3　用　　語
　この付則2に使用される超音波探傷用語は，次に定義されたもの以外は本文1.3に規定されたものによる．
　（1）　端　　部　　：梁フランジ幅最端部より 25 mm かつ板厚 t の大きい方の値までの範囲に側面余盛を加えた部分
　（2）　端部探傷　　：付則2による端部の探傷

1.4　検査技術者
　原則として，検査技術者は超音波探傷法に関する一般的な知識・技量のほか，固形エンドタブを用いた梁端フランジ溶接部に発生する溶接欠陥および端部における超音波探傷試験の特質について十分な知識・経験を有する者とする．

2章　斜角探触子

2.1　探触子の性能
　端部探傷に用いる斜角探触子は，付則2表1に示すものとし，斜角探触子に必要な性能は，本文に規定する性能を満足するものとする．

2.2　STB屈折角の測定
　STB屈折角の測定は，本文4.1.4(3)による．

付則2表1　端部探傷に用いる斜角探触子

板　厚 (mm)	公称周波数 (MHz)	振動子の寸法 (mm)		公称屈折角 (°)
		高さ	幅	
16以上20以下	5	5	10	65
		10	10	70
20を超え40以下	5	5	10	65
		10	10	
		10	10	70

3章　探傷手順

3.1　走査範囲および測定範囲
探傷の対象となる部分の板厚，開先形状およびビード形状を考慮して選定する．
（1）　走査範囲
　　　探触子を溶接部に最も近接できる位置から1スキップ距離の範囲で行う．
（2）　測定範囲
　　　端部探傷に用いる測定範囲は250 mm以下とする．

3.2　探傷感度
端部探傷における探傷感度は，2.1に規定する斜角探触子を用いて，A2形系STBまたはA3形系STBにおける$\phi 4 \times 4$ mmの標準穴を探傷して，そのエコー高さを公称屈折角が70°ではU線に，65°ではH線に合うようにゲインを調整し，探傷感度とする．

なお，使用する標準試験片に比べて，被検材の表面が粗い場合および減衰が著しい場合には，適正に感度補正を行う．

3.3　探傷面
突合せ継手およびT継手の両面片側から探傷することを原則とする．

3.4　端部探傷
3.4.1　走査方法
本文4.1.11（2）による走査を行う．なお，側面余盛内における欠陥を検出するため，フランジ幅最端部においては，首振り走査および前後走査を行う．

3.4.2　評価の対象とする欠陥
最大エコー高さがL線を超える欠陥を評価の対象とする．

3.4.3　最大エコー高さの領域およびビーム路程
欠陥の最大エコー高さを示す位置および方向に探触子を置き，その最大エコー高さの領域を求め，そのときのビーム路程W_pを読み取る．

3.4.4　欠陥指示長さ
 （1）　走査方法
　　最大エコー高さを示す探触子溶接部距離において，左右走査を行う．この場合，若干の前後走査は行うが，首振り走査は行わない．
 （2）　測定方法
　　エコー高さがL線を超える範囲の探触子の移動距離を欠陥指示長さとし，測定単位は1mmとする．なお，探触子の外法がフランジ幅最端部と一致する位置でエコー高さがL線を超える場合には，側面余盛の端を欠陥指示長さの始端または終端とする．

3.4.5　欠陥位置の表示
　欠陥の長さ方向の位置はフランジ幅左最端部を起点とし，欠陥指示長さの始端までの距離で示す．探触子の外法がフランジ幅最端部と一致する位置でエコー高さがL線を超えている場合には，側面余盛の端を欠陥指示長さの始端または終端とする．また，欠陥深さおよび溶接線と直交方向の位置は，最大エコー高さを示す位置のビーム路程 W_p および探触子溶接部距離により表示する．

4章　欠陥の評価

4.1　一般事項
　端部探傷による欠陥評価は，欠陥指示長さの始端または終端が端部の範囲に存在するものを対象とする．

4.2　合否判定の対象とする欠陥
　端部探傷における合否判定には，欠陥指示長さにかかわらず，検出されたすべての欠陥を対象とする．

4.3　欠陥評価長さ
　同一断面内の欠陥群で深さ方向の位置が同一と見なされ，かつ欠陥と欠陥の間隔が長い方の欠陥指示長さ以下の場合には，同一欠陥群と見なし，その欠陥評価長さ L_e は，それらの欠陥の欠陥指示長さと間隔の和とする．また，欠陥と欠陥との間隔が長い方の欠陥指示長さを超える場合には，それぞれ独立した欠陥と見なし，その欠陥評価長さ L_e はそれぞれの欠陥指示長さとする．

4.4　欠陥評価長さの境界値
　端部探傷による欠陥評価長さの境界値は，付則2表2に示す値とする．

付則2表2 欠陥評価長さの境界値（単位：mm）

板　厚	裏当て金がフランジ外面に取り付かない場合	裏当て金がフランジ外面に取り付く場合
16以上20以下	15	10
20を超え40以下	3 t/4	

5章　合否の判定

5.1　一般事項

合否の判定は，梁端フランジ溶接部の端部ごとに，エコー高さの領域，欠陥位置および欠陥評価長さを用いて行う．

5.2　端部の合否

下記の(1)，(2)および(3)により端部の合否を判定する．

(1) 欠陥の最大エコー高さの領域がVの場合は不合格とする．

(2) 欠陥指示長さの始端または終端が端部内に存在する複数の欠陥のうちで，欠陥指示長さの範囲が重なり合い，かつ同一断面にある場合は不合格とする．

(3) 欠陥評価長さを用いた合否の判定は特記による．特記がない場合には，欠陥評価長さが付則2表2に示す境界値以上ある場合は不合格とする．

付則2 固形エンドタブを用いた梁端フランジ溶接始終端部の超音波探傷検査方法・解説

1章 総　　則

1.1 適用範囲

　建築鉄骨の溶接施工に固形エンドタブ工法が導入されてから30年ほどが経過した．導入のきっかけは，従来使われてきた鋼製エンドタブ工法の省力化を図ることに併せて，鋼製エンドタブを母材に取り付ける際の組立て溶接によるショートビードなどの影響や，除去のための切断時に生じるガスノッチなどの影響を排除することが目的であったと考えられる．

　導入当初においても，固形エンドタブ工法の採用にあたっては，従来の鋼製エンドタブ工法と同等以上の溶接品質を保証するための技術的な裏付けや，採用手続きにあたってのルールの必要性が検討されており，標準的な施工要領および技量付加試験要領が提案されている[1]．また，固形エンドタブ工法では，鋼製エンドタブ工法に比べて溶接始終端に内部欠陥が発生しやすくなることも指摘されている．したがって，本会編「建築工事標準仕様書 JASS 6 鉄骨工事」では，固形エンドタブ工法を採用するには，工事監理者の事前の承認が必要であることが明記されている．

　完全溶込み溶接部の中で，特に梁端フランジの溶接部は，大地震時に梁端に塑性ヒンジを形成させる設計をした場合，想定される塑性変形を生じるまで破断してはならないという非常に高い性能が要求される．固形エンドタブ工法では，溶接初層の始終端に溶込不良が発生しやすい．一方，梁端フランジの幅方向において，幅中央より溶接始終端ほど，さらに溶接始終端において外部に開口する欠陥ほど破壊に対して敏感になる．また，梁端フランジの溶接接合部のひずみは，溶接始終端に集中する分布形状となる場合がある．すなわち，過酷な状態におかれた梁端フランジ溶接部の中でも，特に溶接始終端において破壊が発生しやすいといえる．しかし，梁端部では中央部に比べて超音波探傷試験における探傷感度が低下するため，端部欠陥の検出性が低下することが指摘されていた[2]~[5]．以上のような背景から，2008年に新たに付則2として，「固形エンドタブを用いた梁端フランジ溶接始終端部の超音波探傷検査方法」を設けた．この検査方法は，探触子を5M5×10A65を用い同時端部エコー法により欠陥高さを評価するものであったが，探触子が特殊であったこと，および同時端部エコー法による測定の技術的な難度が高かったことから，実プロジェクトで採用された例は少なく[6]~[7]，2008年版の付則2が普及しているとは言い難いのが現状であった．

　今回の改定では，測定精度はやや劣るものの，一般に使用されている5M10×10A70の探触子を加えるとともに，合否の判定をエコー高さの領域および欠陥評価長さに基づくものとした．た

だし，規定探傷に用いられる検査方法とは異なる点も多いので，検査技術者は実務経験を経て，本付則による検査方法を習得されたい．なお，同時端部エコー法に習熟した検査技術者が検査を行う場合には，より適切な判定を行える 2008 年版の付則 2 を用いても差しつかえない．

なお，本付則の適用にあたっては，以下の点に留意されたい．

① 柱梁接合部において，固形エンドタブを用いて梁フランジと通しダイアフラムまたは柱フランジを完全溶込み溶接とし，かつ大地震時に梁端が塑性化する場合を対象としている．したがって，梁端以外の箇所，梁端が塑性化しないことが確認されている場合および鋼製エンドタブを用いて溶接始終端の処理が適切に行われている場合は適用外とすることができる．設計者は，本付則を適用する箇所を特記する必要がある．

② 溶接部全線の探傷は，本文に示されている規定探傷によって行い，その上で溶接始終端の欠陥を検査するために端部探傷を行う．

③ 欠陥が破壊に及ぼす程度は，欠陥寸法だけではなく，材料の破壊靭性や強度などが複雑に関与するため，本来一律にその合否判定を与えることはできない．ここに示した判定基準は，限られた実験結果を工学的に判断して作成した目安であり，確定的なものではない．したがって，特別な調査研究によりその信頼性が確認された異なる合否判定基準を採用してもよい．

なお，固形エンドタブを用いた梁端フランジ溶接部の欠陥評価および超音波探傷試験に関する詳細な実験データについては，(一社)日本鋼構造協会「建築鉄骨梁端溶接部の超音波探傷検査指針」(2008)[3] および参考文献[4),5)]に示されている．

実際の工事において本付則を適用した場合には，本文 4 章の規定探傷に加えて，付則 2 の端部探傷を実施した検査箇所に記号（#）を付記するなど，適用箇所を明示しておく必要がある．

1.2 適用板厚

ここでいう板厚とは，梁フランジの板厚を指す．16 mm 未満の板厚では余盛による制約のため欠陥寸法を精度良く測定することが難しくなること，また，梁フランジの幅厚比が比較的大きくなり，局部座屈が先行する場合が多いと考えられるので，適用範囲から除外した．なお，板厚が 40 mm を超える場合には，設計者と協議のうえ，使用する探触子，探傷感度，欠陥の評価方法および合否判定基準などについて，個別に検討を行う必要がある．

1.3 用　語

「端部」とは梁フランジ幅の端部分に側面余盛を加えた範囲を指す．端部探傷および本文 4.1.12 における規定探傷の範囲を付則 2 図 1.1 に示す．

1.4 検査技術者

本付則の欠陥指示長さの測定方法は一般的な測定方法と同様であるが，(一社)日本鋼構造協会の建築鉄骨品質管理機構が認定する建築鉄骨超音波検査技術者が従事することが望ましい．

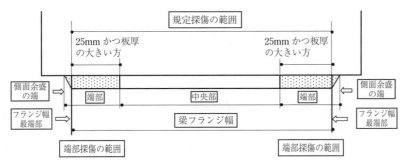

付則 2 図 1.1 端部探傷の範囲

2 章 斜角探触子

2.1 探触子の性能

付則 2 図 2.1 に溶接線端部に存在する自然欠陥の欠陥高さと最大エコー高さの関係を示す．5M10×10A70 では検出レベル（−12 dB）を超えない場合も多いが，5M5×10A65 ではほとんどの欠陥が L 検出レベルを超える．したがって，端部欠陥を検出するための探触子として溶込不良の先端のエコーおよび開先面の融合不良を検出しやすい屈折角 65°を用いることが望ましいが，余盛幅などの影響により欠陥の先端のエコーが得られにくい場合もあること，また，付則 2 図 2.1 に示すように，端部における溶込不良の欠陥高さが 2 mm を超えれば，屈折角が 70°でも検出レベルを超えることから，屈折角 70°も用いることができるものとした．

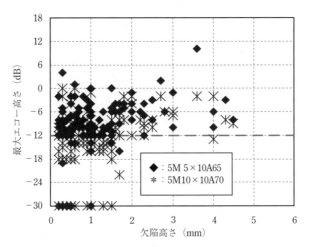

付則 2 図 2.1 端部に存在する自然欠陥の検出性[5]

3章 探傷手順

3.1 走査範囲および測定範囲

測定範囲が大きいとビーム路程 W の読取精度が悪くなること，また使用するビーム路程が大きくなるほど端部側面の影響を受けてエコー高さが低くなること，さらに A2 形系 STB における距離振幅特性曲線の傾斜が大きいため，測定範囲を 250 mm 以下とした．欠陥エコーの分解能と検査技術者の目視判断に依存することから，測定範囲をあまり大きくしない方が望ましい．

3.2 探傷感度

本付則では，端部における欠陥の検出が最大の目的である．検出しなければならない欠陥としては，割れ，溶込不良および融合不良があるが，それらの欠陥の先端は鋭いことが多く，また，欠陥長さが短いものも多い．端部における探傷感度の低下および欠陥の検出性を考慮して，公称屈折角 65° では H 線に，公称屈折角 70° では U 線に調整し，これを探傷感度とした．これは本文で規定する探傷感度の2倍に相当している．

3.4 端部探傷

付則2表1に規定した探触子を用いた梁端フランジ溶接部の探傷法を付則2表3.1に，探傷手順を付則2図3.1に示す．なお，規定探傷にこれらの探触子を用いてもよく，その場合は付則2表3.2の探傷法による．

付則2表3.1 端部探傷法

項　目	内　容
探触子	付則2表1に規定する探触子
探傷感度	A2 形系または A3 形系 STB の $\phi 4 \times 4$ を用いて調整
検出レベル	L 検出レベル
欠陥指示長さ	L 線カット法
欠陥の評価	欠陥評価長さおよびエコー高さの領域により評価

付則2表3.2 規定探傷法

項　目	内　容
探触子	本文4.1または付則2表1に規定する探触子
探傷感度	A2 形系または A3 形系 STB の $\phi 4 \times 4$ を用いて調整
検出レベル	L 検出レベル
欠陥指示長さ	L 線カット法
欠陥の評価	欠陥評価長さおよびエコー高さの領域により評価

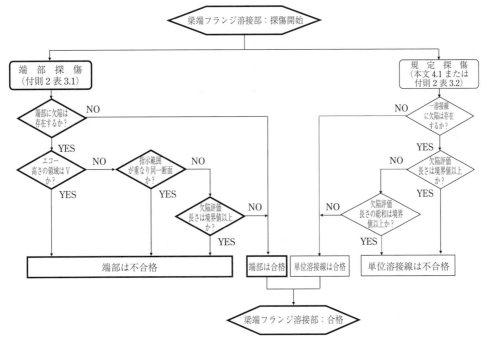

付則2 図 3.1　梁端フランジ溶接部の探傷手順

3.4.1　走査方法

梁端フランジ溶接部の側面余盛内にも欠陥が存在する可能性があるため，フランジ幅最端部では探触子を10°程度首振り走査を行い，欠陥の有無を確認する．特に欠陥高さの大きい欠陥が側面余盛を含む端部内に存在すると破壊につながる可能性が高くなるため，超音波ビームの中心が側面余盛に到達するように探触子を首振りしたまま前後に走査し，欠陥の状態を把握する．

3.4.2　評価の対象とする欠陥

L検出レベルでは欠陥指示長さが3mm以上の端部欠陥が検出可能となるが，これより低いレベルをしきい値に選択すると，欠陥高さがそれほど高くない端部欠陥の検出も可能となる一方，破壊に寄与しない欠陥の検出率も高くなることから，むやみにL線以下となるようなしきい値を選択すべきではない．

欠陥の先端からのエコー高さ H_u は，欠陥先端までのビーム路程 W，欠陥先端径 ρ および欠陥長さ L によって変化する．付則2図3.2(a)および(b)は，$L=3$ mm および $L=7$ mmの場合の H_u と ρ の関係を示したものである．欠陥先端径 ρ が小さくなるに従い，エコー高さ H_u は小さくなる．$L=3$ mmの場合では，ビーム路程が大きくなるほどエコー高さは小さくなるが，$W=125$ mm以上でも欠陥先端径 ρ が 0.1 mm以上あればL検出レベルを超える．$L=7$ mmの場合では，ビーム路程に関係なく欠陥先端径 ρ が 0.02 mm以上あればL検出レベルを超える．

3.4.4　欠陥指示長さ

欠陥指示長さ L の測定方法には10 dBドロップ法やL線カット法があるが，本付則では本文と同様にL線カット法を採用した．

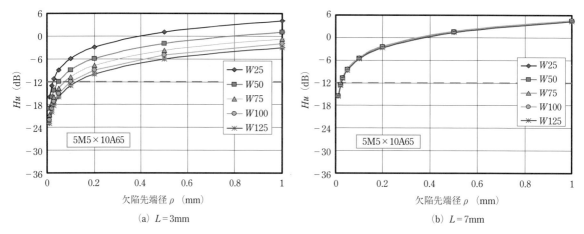

付則2 図3.2 端部欠陥の検出レベル[5]

　本付則では，固形エンドタブの欠陥指示長さは，側面余盛内に存在する可能性のある欠陥も評価に加えることとした．なお，側面余盛の寸法は溶接ゲージにより計測しても形状が複雑で計測が困難であることを考慮し，側面余盛寸法を3mmと見なす．

3.4.5　欠陥位置の表示

　欠陥位置の表示は，一般的な表示方法と同様に欠陥エコーが最大となるビーム路程 W_p，屈折角 θ および探触子溶接部距離 Y より算出する．欠陥の起点の位置 X はフランジ幅左最端部からの距離で表すが，フランジ幅最端部においてエコー高さがL線を超えている場合には，側面余盛の端が欠陥指示長さ L の始端となるため，このときの欠陥位置の起点 X は−3mmとなる．

4章　欠陥の評価

4.1　一般事項

端部探傷による評価は，それぞれの欠陥評価長さおよびエコー高さの領域を用いて行う．

4.2　合否判定の対象とする欠陥

本文の規定探傷では，合否判定の対象とする欠陥を板厚 t に応じて，表12の欠陥指示長さ L が5mmあるいは $t/4$ 以上としているが，端部探傷における欠陥は，検出レベルを超えるすべての欠陥を対象としている．これは，欠陥指示長さ L が短かくとも欠陥高さの高い欠陥の存在を検出するためである．

4.3　欠陥評価長さ

本文と同様に，検出された欠陥におけるおのおのの欠陥指示長さ L とその相互の間隔 g に基づいて，その欠陥が独立している欠陥と評価するか，または連続している欠陥と見なして評価するかを判別する．欠陥評価長さの算定の例を付則2図4.1に示す．また，欠陥相互が同一断面であるか，また同一深さであるかを判定する場合は，本文解説図6.1に示す欠陥の相対位置を用いて評価し，その境界値には本文6.2の表12を用いる．なお，付則2図4.1の(b)の場合のように端部に存在しない欠陥は，端部の欠陥評価から除外する．

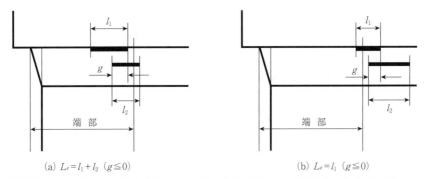

(a) $L_e = l_1 + l_2 \ (g \leq 0)$ 　　　　(b) $L_e = l_1 \ (g \leq 0)$

付則2図4.1　欠陥指示長さが重なり，同一欠陥群と見なせる場合の欠陥評価長さ L_e

5章　合否の判定

5.1　一般事項

端部欠陥が梁の塑性変形能力に及ぼす影響については，欠陥寸法（欠陥高さと欠陥長さ）以外に，材料の破壊靱性，材料の強度，梁部材の降伏比，梁部材の断面寸法と柱部材の断面寸法との組合せなどが複雑に関係する．また，欠陥の合否は，本来，要求性能に基づいて判定されるべきものである．付則2では，端部欠陥の合否判定として，欠陥高さの高いものについては早期の破

壊を招く可能性があり，また，品質管理の観点からも望ましいものでないため，合否判定基準を設定した．欠陥長さについては，要求性能との関係から設計者が設定すべきものであり，特記事項とした．

端部探傷では，溶接線の左端部と右端部でそれぞれ別個に合否の判定を行う．合否の判定は，エコー高さの領域，欠陥位置および欠陥評価長さに基づく．

5.2　端部の合否

端部欠陥の合否判定基準として，2008年版の付則2では欠陥評価高さの境界値を5mmに設定し，欠陥評価高さが5mm以上の場合は，欠陥評価長さによらず不合格とした．今回の改定では，欠陥評価高さに代えてエコー高さの領域を用い，下記の①または②のいずれかに該当する場合には，欠陥高さが高いものと考え，不合格とした．

①　欠陥の最大エコー高さの領域がVの場合

②　欠陥指示長さの始端または終端が端部内に存在する複数の欠陥のうちで，欠陥指示長さの範囲が重なり合い，かつ同一断面にある場合

したがって，端部内において欠陥指示長さLの範囲が重なり合い，付則2図5.1(a)のように同一断面に存在する欠陥群の場合には，欠陥高さが高いものと見なす．ただし，付則2図5.1(b)のように同一断面に存在しない場合には，それぞれの欠陥の最大エコー高さにより評価する．なお，本文4.1.12(a)の解説図4.25に示すように，同一探傷面かつ同一探傷方法（直射法と一回反射法のいずれか）の場合で，L線を超える2つ以上のエコーが現れた場合は，近接する欠陥エコーのビーム路程差ΔWが最大となるように前後走査し，その近接する欠陥エコーの最大ビーム路程差ΔWが2mm以上ある場合には，付則2図5.1(a)と同様に，欠陥高さが高いものと見なす．

欠陥評価長さの合否については，要求性能との関係から設計者が設定すべきものと考え，特記事項とすることを原則とした．なお，特記がない場合の欠陥評価長さの合否には，当面，本文表16の「疲労を考慮して表面仕上げされた溶接部」において，エコー高さの領域がⅢまたはⅣの場合に対する判定基準を準用することとした．したがって，欠陥評価長さが付則2表2に示す境界値以上の端部は不合格となる．この値は，一般に用いられている斜角一探触子法において，エコー高さの領域がⅢまたはⅣの場合の本文表14「引張応力が作用する溶接部」の境界値の3/4

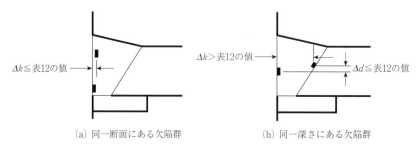

(a) 同一断面にある欠陥群　　　　(b) 同一深さにある欠陥群

付則2図5.1　同一断面および同一深さにある欠陥群の評価方法

付則 2 表 5.1　欠陥評価高さ h_e の境界値と欠陥評価長さ L_e の境界値

溶接部	欠陥評価高さの境界値	欠陥評価長さの境界値
工場溶接形式(上下フランジ) 現場溶接形式(上フランジ)	5 mm	12 mm
現場溶接形式(下フランジ)	5 mm	1 mm

付則 2 表 5.2　欠陥評価高さ h_e の境界値と欠陥評価長さ L_e の境界値(HAZ 部靱性確認)

溶接部	欠陥評価高さの境界値	欠陥評価長さの境界値
工場溶接形式(上下フランジ) 現場溶接形式(上フランジ)	5 mm	15 mm と $4 \cdot t/5$ の大きい方の値, かつ, 25 mm 以下
現場溶接形式(下フランジ)	5 mm	8 mm と $2 \cdot t/5$ の大きい方の値, かつ, 12 mm 以下

［注］表中の t は板厚

に相当する．ただし，工事現場溶接における梁端下フランジの完全溶込み溶接のように，開先形状が内開先となり裏当て金が梁フランジの外面側に取り付き，初層の溶込不良が梁フランジの外面側に生じやすい場合では，より欠陥の存在による影響が大きいと考え，板厚にかかわらず，境界値は 10 mm とした．これより，側面余盛寸法を 3 mm と見なすと，フランジ幅最端に探触子を置いて検出レベルを超える欠陥が存在する場合は不合格となる．なお，端部では，欠陥評価長さの総和に基づく合否判定は行わない．

既往の研究成果を基に合否判定基準を別途設ける場合には，以下の文献が参考となる．

既往の実験結果をまとめた文献[8]では，角形鋼管柱と H 形断面梁を通しダイアフラム形式で接合した実大実験において，梁フランジ厚が 20 mm 程度以下であれば，欠陥高さと欠陥長さの組合せが 5 mm×15 mm 程度を超えると欠陥に起因する破壊が生じ始め，欠陥断面率の増大に伴い，梁の塑性変形能力が低下する傾向のあることを指摘している．この欠陥寸法は，付則 2 表 2 と一致している．

(一社)日本溶接協会「WES 2808 動的繰返し大変形を受ける溶接構造物の脆性破壊性能評価方法」[9]では，欠陥寸法，材料強度，破壊靱性，部材断面および繰返し履歴などの情報に基づき，梁端の破壊時期を予測する一連の評価手法が提示されている．大規模なプロジェクト物件では，個々の接合部に対して，この手法を適用し合否判定基準を設けることも可能であろう．

(一社)日本鋼構造協会「建築鉄骨梁端溶接部の超音波探傷検査指針」では，既往の実験データと破壊力学的手法に基づき，通しダイアフラムまたは柱フランジの鋼種と梁フランジの鋼種の組合せが同じ場合（400N/mm² 級鋼または 490N/mm² 級鋼）に対して，溶接部の熱影響部の靱性値に応じて付則 2 表 5.1 および表 5.2 を提示している．

（参考文献）

1) 日本鋼構造協会エンドタブ小委員会：新エンドタブ工法（代替エンドタブ工法及びエンドタブ省略化工法）に関する標準化方策，JSSC レポート，No.7，1988.1
2) 建築研究所，日本鉄鋼連盟，日本溶接協会：建築構造用溶接材料と溶接接合部性能評価法の確立最終報告書，第5章 溶接欠陥位置・寸法と欠陥検出，pp.241-291，2002.3
3) 建築鉄骨梁端溶接部の超音波探傷検査指針，日本鋼構造協会，2008.1
4) 笠原基弘，中込忠男，的場 耕：超音波斜角探傷法による柱梁溶接始終端部における溶接欠陥の評価に関する実験的研究，日本建築学会構造系論文集，596号，pp.117-124，2005.10
5) 笠原基弘，中込忠男：同時端部エコー法による柱梁溶接始終端部における欠陥評価に関する実験的研究，日本建築学会構造系論文集，607号，pp.167-174，2006.9
6) 横田和伸，山我信秀，柏井康彦，宮崎政信，後藤和弘，永作智也，松本康樹：梁端フランジ溶接始終端部の超音波探傷検査方法の実建物への適用事例，日本建築学会大会学術講演梗概集，pp.27-28，2012.9
7) 嶋 徹，藤田徹也，吉澤 徹：梁端フランジ溶接部における同時端部エコー法を用いた超音波探傷法（端部探傷法）の適用事例，日本建築学会大会学術講演梗概集，pp.29-30，2012.9
8) 2006年度日本建築学会大会材料施工部門パネルディスカッション資料「固形エンドタブ工法を用いた梁端溶接接合部の欠陥評価を考える」，2006.9
9) WES 2808-2003：動的繰返し大変形を受ける溶接構造物の脆性破壊性能評価方法，2003.10

付　録

付 1. ……………………………………………………………………………………………（欠番）
付 2. 日本非破壊検査協会規格　NDIS 2432：2018　角形鋼管溶接角部の超音波探傷試験方法
　　 …………………………………………………………………………………………………… 157
付 3. 日本非破壊検査協会規格　NDIS 2433：2018　裏当て金付完全溶込み溶接 T 継手のルート
　　 部からのエコー判別方法 ………………………………………………………………… 162
付 4. 探傷感度の調整に A2 形系標準試験片を用いた鋼管円周継手の超音波探傷試験法に関する
　　 指針（2013 改定）……………………………………………………………………………… 170

付 2. 角形鋼管溶接角部の超音波探傷試験方法

日本非破壊検査協会規格　NDIS 2432：2018

1. 適用範囲

この規格は板厚が 6 mm 以上，40 mm 以下の角形鋼管溶接部の超音波斜角探傷試験において，一般社団法人日本建築学会"鋼構造建築溶接部の超音波探傷検査規準・同解説"を適用して平板部の探傷を行い，使用する超音波探傷器（以下，探傷器という．）及び超音波探触子（以下，探触子という．）を変更することなく連続的に角部の超音波斜角探傷試験を行う場合の，きずの検出方法，位置及び寸法の測定方法について規定する．

2. 引用規格

次に掲げる規格及び規準は，この規格に引用されることによって，この規格の規定の一部を構成する．これらの引用規格は，その最新版（追補を含む．）を適用する．

　JIS Z 2300　非破壊試験用語

　JIS Z 2305　非破壊試験技術者の資格及び認証

　JIS Z 2345　超音波探傷試験用標準試験片

　JIS Z 3060　鋼溶接部の超音波探傷試験方法

3. 用語及び定義

この規格で用いる主な用語及び定義は，JIS Z 2300 によるほか，次による．

3.1 角部

角形鋼管の平板部と曲面部の境界線間以内の範囲（図 1 に示すハッチングの範囲）を指し，探触子の幅の中心がこの接線位置より曲面側にある範囲．

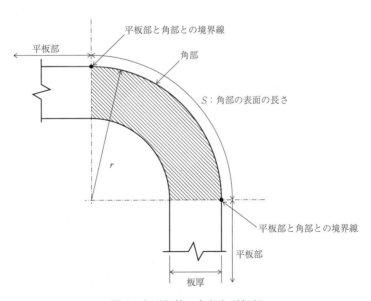

図 1　角形鋼管の角部と平板部

3.2 平板部

角形鋼管の隣り合う角部の曲面との境界線間以内の平面な範囲（図1に示すハッチングの範囲以外）．

3.3 角部の曲率半径

角形鋼管角部の外周面の曲率半径（r）．

4. 技術者

角形鋼管角部の超音波斜角探傷試験に従事する技術者は，JIS Z 2305 に規定する超音波探傷試験（以下，探傷という）の資格者又は一般社団法人日本鋼構造協会が認定する建築鉄骨超音波検査技術者とし，探傷の原理及びフェライト系鋼の溶接部に関する知識をもち，かつ，建築鉄骨溶接部の探傷について，十分な知識及び経験をもつ者とする．

5. 標準試験片

この規格で使用する標準試験片は，JIS Z 2345 に規定する A1 形標準試験片，A2 形系標準試験片及び A3 形系標準試験片とする．

6. 超音波探傷装置の機能及び性能

使用する探傷装置及び斜角探触子の機能及び性能は JIS Z 3060 による．

7. 探傷の準備

探傷方法の選定，屈折角の測定，測定範囲の調整，エコー高さ区分線の作成，検出レベルなどの規定は，角形鋼管溶接部の平板部の探傷において適用した"鋼構造建築溶接部の超音波探傷検査規準・同解説"による．

8. 探傷

8.1 探触子

使用する探触子は公称周波数 5 MHz，振動子の寸法 10 mm×10 mm，公称屈折角 70° 又は 65° とし，探触子の接触面の曲面加工は行わない．

8.2 接触媒質

探傷に使用する接触媒質は，次のいずれかによる．

a) グリセリンペースト
b) 濃度 75 % 以上のグリセリン水溶液
c) 音響インピーダンスが明らかな液体

8.3 エコー高さ区分線

A2 形系標準試験片の $\phi 4 \downarrow 4$ mm を用いて，平板部の探傷のために作成したエコー高さ区分線を使用する．

8.4 探傷感度

A2 形系標準試験片又は A3 形系標準試験片の $\phi 4 \downarrow 4$ mm のエコー高さを，公称屈折角 70° では H 線に，公称屈折角 65° では M 線に合わせた後，曲率半径の標準値によって表1に示す感度補正を行い，これを探傷感度とする．

表 1 感度補正　　　　　　　　　　　　　　　　t：板厚

曲率半径の標準値	板厚 mm	感度補正量 dB	
		公称屈折角 70°	公称屈折角 65°
2.5 t	6 以上 22 以下	+10	
	22 を超え 28 以下	+4	+6
3.5 t	9 以上 22 以下	+4	
	22 を超え 40 以下	0	

8.5 探傷方法

探傷は外面から直射法及び一回反射法によって行う．探触子の設置方法を図2に示す．角部の曲面の周方向断面に投影した探触子の音軸方向と角部の法線方向が一致するように探触子の向きを管軸方向に向け，探触子の幅の中央部を鋼管角部に接触させて探触子を走査する．

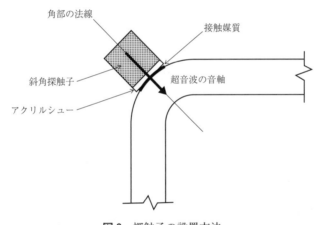

図 2　探触子の設置方法

8.6 接触媒質の塗布

角部の探傷においては，接触媒質は薄く一様に塗布する．

8.7 きずの指示長さの測定

きずの指示長さの測定は次による．

a) 走査方法　最大エコー高さを示す探触子溶接部距離において左右走査を行う．
　なお，若干の前後走査は行うが首振り走査は行わない．

b) 測定方法　図3に示すようにエコー高さがL線を超える範囲の探触子の移動距離を探傷面上で測定し，角部の曲率半径ときずの深さから式（1）によって補正し，きずの指示長さとする．

　なお，曲率半径が明らかでない場合には，曲面と平板部の接点間を測定し角部の表面の長さから，式（2）によって曲率半径を求める．

　きずの指示長さは1mm単位で測定する．

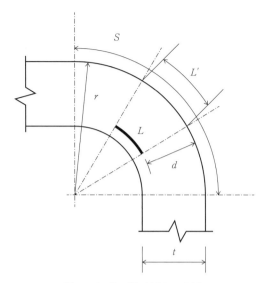

図 3　きずの指示長さの測定

$$L = \left(1 - \frac{d}{r}\right) \times L' \cdots\cdots\cdots\cdots\cdots\cdots\cdots\cdots\cdots\cdots\cdots\cdots\cdots\cdots\cdots\cdots\cdots\cdots (1)$$

$$r = \frac{2S}{\pi} \cdots\cdots\cdots\cdots\cdots\cdots\cdots\cdots\cdots\cdots\cdots\cdots\cdots\cdots\cdots\cdots\cdots\cdots\cdots\cdots\cdots\cdots\cdots (2)$$

L：きずの指示長さ
L'：探触子の移動距離
d：きずの探傷面からの深さ
r：角部の曲率半径
t：板厚
S：角部の表面の長さ

8.8　きずの位置の表示

きずの溶接線方向の位置は，図 4 に示すように探傷面上の表面距離 X で表示する．

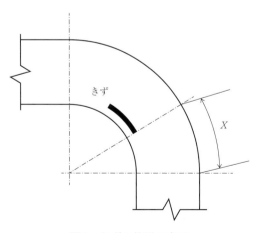

図 4　きずの位置の表示

8.9 きずときずとの間隔

同一きず群とみなされるきずときずとの間隔は，図5に示す探傷面上で測定したきずときずとの間隔から曲率の影響を考慮して式(3)によって補正した値をきずの間隔とする．2個のきずの深さが異なる場合には2個のきずの深さの平均を用い，式(3)によって求める．

$$S_s = S_s' \times \left(1 - \frac{d}{r}\right) \quad \cdots\cdots(3)$$

S_s：きずときずとの間隔

S_s'：探傷面上のきずの間隔

d　：きずの探傷面からの深さ　　$d = \dfrac{d_1 + d_2}{2}$

r　：角部の曲率半径

t　：板厚

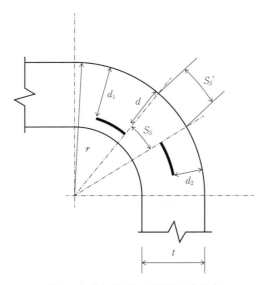

図5　きずときずとの間隔の求め方

付3. 裏当て金付完全溶込み溶接 T 継手のルート部からのエコー判別方法

日本非破壊検査協会規格　NDIS 2433：2018

1. 適用範囲

この規格は探傷面の板厚が 9 mm 以上 100 mm 以下の裏当て金付完全溶込み溶接 T 継手溶接部の超音波斜角探傷試験において，一般社団法人日本建築学会 "鋼構造建築溶接部の超音波探傷検査規準・同解説" を適用して探傷した場合の，ルート部付近から検出されたエコーを対象に，きずエコーとたれ込みエコーとに判別する方法について規定する．

2. 引用規格

次に掲げる規格及び規準は，この規格に引用されることによって，この規格の規定の一部を構成する．これらの引用規格は，その最新版（追補を含む．）を適用する．

　　JIS Z 2300　非破壊試験用語

　　JIS Z 2305　非破壊試験技術者の資格及び認証

　　JIS Z 2345　超音波探傷試験用標準試験片

　　JIS Z 3060　鋼溶接部の超音波探傷試験方法

　　NDIS 2001　超音波探傷試験標準用語

3. 用語及び定義

この規格で用いる主な用語及び定義は，JIS Z 2300，NDIS 2001 及び JIS Z 3060 によるほか，次による．

3.1 たれ込みエコー

裏当て金と直交する部材との隙間にたれ下がった，たれ込み部（図1）からのエコー．

3.2 先端エコー

端部エコーのうち次の条件を満たすエコー．

　a）　上端部エコー．

　b）　この規格の 7.5 で取り扱うエコー．

3.3 斜角判別法

通常の SV 波斜角探触子を用いてフローチャートによってきずエコーとたれ込みエコーとに判別する方法．

3.4 SH 判別法

表面 SH 波斜角探触子を用いてフローチャートによってきずエコーとたれ込みエコーとに判別する方法．

3.5 判別対象範囲

この規格できずエコーとたれ込みエコーとを判別する際に，判別対象とするビーム路程の範囲

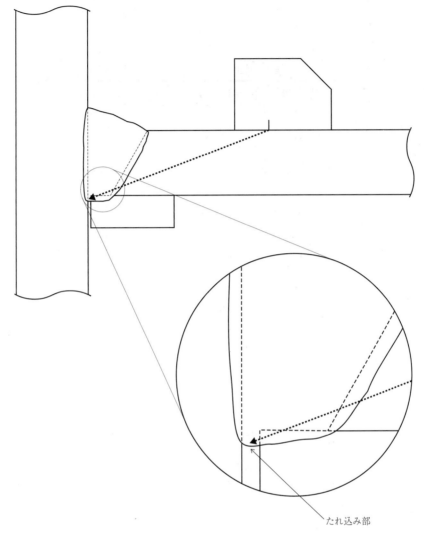

図1 たれ込み部

ときずから溶接部の基準線までの探傷面上に投影された距離（k）の範囲.

4. 技術者

建築鉄骨に適用される裏当て金付溶込み溶接 T 継手の超音波斜角探傷試験に従事する技術者は，JIS Z 2305 に規定する超音波探傷試験（以下，探傷という．）の資格者又は一般社団法人日本鋼構造協会が認定する建築鉄骨超音波検査技術者とし，探傷の原理及びフェライト系鋼の溶接部に関する知識をもち，かつ，建築鉄骨溶接部の探傷について，十分な知識及び経験をもつ者とする．

5. 判別対象範囲

適用規格の探触子で，次の a) に示す深さ方向及び b) に示すきずから溶接部の基準線までの探傷面上に投影された距離（k）の判別対象範囲内にエコーが得られた場合に判別法を適用する．

a) 実測板厚の 0.5 S のビーム路程から,表1に示すビーム距離を加えたビーム路程までの範囲(図2).

表1 対象範囲のビーム距離　　t:板厚

屈折角	$t≦40$ mm	$t>40$ mm
45°	—	7 mm
65°	7 mm	10 mm
70°	10 mm	15 mm

図2 深さ方向のエコー判別の対象範囲

b) 図3に示すきずから溶接部の基準線までの探傷面上に投影された距離(k)が±3 mm の範囲.

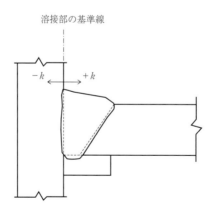

図3 きずから溶接部の基準線までの探傷面上に投影された距離(k)

6. 判別法の選定

この規格の判別手法は"斜角判別法"と"SH 判別法"との2種類とする.ただし,"SH 判別法"は当事者間で事前に協議を行ったうえで採用する.

7. 斜角判別法

適用規格に基づいた斜角探触子によって探傷を行い，判別対象範囲にエコーが認められたときの判別は次に示す方法による．なお，接近限界距離によって直射法が困難な場合は二回反射法によって行う．

7.1 使用探触子

探触子は板厚に応じて表2に示すものを使用する．

表2 斜角判別法における使用探触子　　　t：板厚

試験体の板厚	mm	$9 \leq t \leq 20$	$20 < t \leq 40$	$40 < t \leq 100$
周波数	MHz	5	5	2～3.5
振動子の公称寸法	mm	10×10	10×10	14×14
公称屈折角	°	70	65 又は 70	65

7.2 STB屈折角の測定

STB屈折角の測定は，JIS Z 2345に規定するA1形標準試験片又はA3形系標準試験片を用い，0.1°の単位で測定する．

7.3 探傷感度の調整

探傷感度の調整は，A2形系標準試験片又はA3形系標準試験片の $\phi 4 \downarrow 4$ の標準穴を用いる．公称屈折角70°を用いる場合は，標準穴のエコー高さをH線に，公称屈折角65°を用いる場合は，標準穴のエコー高さをM線に合わせて探傷感度とする．

7.4 ビーム路程の読み取りの単位

ビーム路程は0.1 mmの単位で読みとる．

7.5 先端エコーの検出

先端エコーの検出は，最大エコー高さの得られた位置で探触子を前後走査と若干の首振り走査（首振り角度5°以内）を行い，次の条件を満たす場合とする．

a) 先端エコーとは，図4に示す前後走査時に，反射源の先端部に当たったエコーと，この後に続くエコーが入れ替わること．

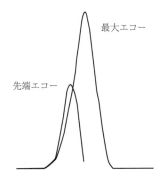

図4　前後走査時の先端エコーと最大エコーの入れ替わり（MA図形）

b) 先端エコーの最大エコー高さを 50％ に調整したとき，図 5 に示すような探傷図形が認められること．なお，図 5 に示すエコーの切り込み確認時には，波形を部分的に拡大表示できる機能を用いて，先端エコー部を拡大して波形確認する．

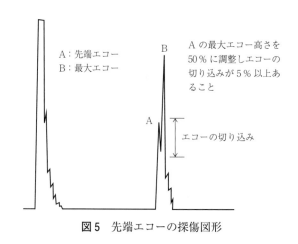

図 5　先端エコーの探傷図形

c) 判別の対象となるきずの指示長さの範囲で 10 mm 以上隔てた複数の位置で a) 及び b) が確認されること．

7.6 判別のフローチャート

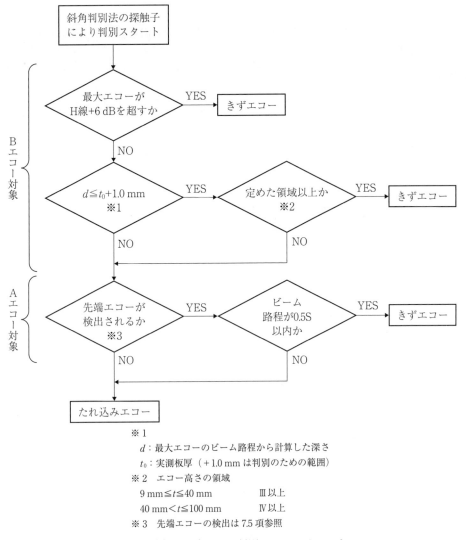

図6 斜角判別法による判別のフローチャート

8. SH 判別法

適用規格に基づいた斜角探触子によって探傷を行い，判別対象範囲にエコーが認められたとき判別は次による．

8.1 使用探触子

使用する探触子は周波数 5 MHz，振動子の公称寸法 5 mm×5 mm の表面 SH 波探触子とし，表面及び表面近傍に音場をもつものとする．

8.2 接触媒質

横波専用の接触媒質を用いる．

8.3 探傷感度の調整

探傷感度の調整は，図7に示す A2 形系標準試験片又は A3 形系標準試験片の $\phi 4 \downarrow 4$ と探触子

の先端との距離を 40 mm に保ち，この間にも接触媒質を塗布してエコー高さが安定するまで保持する．

エコー高さが 50 % になるよう感度を調整した後，表 3 の板厚区分に応じ感度を高め，これを探傷感度とする．

8.4 感度補正

探触子の前方の裏当て金にすみ肉溶接ビードのある場所では ＋4 dB の感度補正を行う．

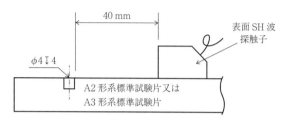

図 7 探傷感度の調整

表 3 板厚区分による探傷感度　t：板厚

板厚区分	探傷感度
$9\ \text{mm} \leq t < 20\ \text{mm}$	$\phi 4 \downarrow 4,\ 50\% + 6\ \text{dB}$
$20\ \text{mm} \leq t$	$\phi 4 \downarrow 4,\ 50\% + 12\ \text{dB}$

8.5 探傷方法

判別の対象となる指示長さの範囲で図 8 に示す位置に探触子を配置する．

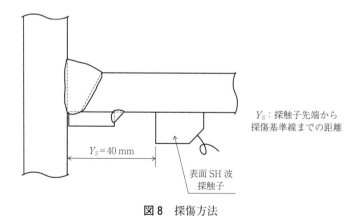

図 8 探傷方法

8.6 判別のフローチャート

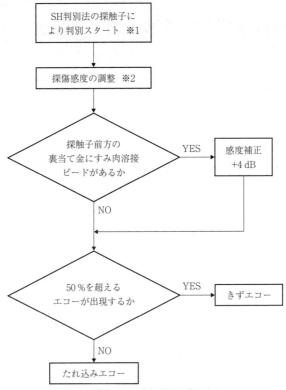

※1 横波専用の接触媒質を使用する
※2 探傷感度の調整は 8.3 項参照

図 9 SH 判別法による判別のフローチャート

付4. 探傷感度の調整に A2 形系標準試験片を用いた鋼管円周継手の超音波探傷試験法に関する指針（2013 改定）

一般社団法人　CIW 検査業協会　技術委員会

1. 総　則
1.1 適用範囲
　この指針は直径（外径）100 mm 以上 500 mm 以下の鋼管円周継手溶接部に超音波探傷試験を適用する場合で，A2 形系標準試験片を使用して探傷感度の調整を行う場合に適用する．なお，適用する鋼材の種類は STKN400，490 及び STK400，STK490 とする．

1.2 一般事項
　本指針に規定する以外の一般事項は，日本建築学会「鋼構造建築溶接部の超音波探傷検査規準・同解説」及び JIS Z 3060「鋼溶接部の超音波探傷試験方法」による．

2. 探　傷
2.1 探触子
　使用する探触子は周波数 5 MHz，振動子の寸法 10 mm×10 mm，公称屈折角 70 度または 65 度とし，当該工事の超音波探傷検査要領書に規定されたものを用いる．探触子の接触面の曲面加工は行わない．

2.2 エコー高さ区分線
　A2 形系標準試験片の $\phi 4\times 4$ mm により作成した距離振幅特性曲線によるエコー高さ区分線を使用する．

2.3 探傷感度
　A2 形系標準試験片または A3 形系標準試験片の $\phi 4\times 4$ mm のエコー高さを，公称屈折角 70 度では H 線に，公称屈折角 65 度では M 線に合わせた後，直射法を適用する場合は（1），1 回反射法を適用する場合は（2）によって感度補正量を求める．

（1）直射法を適用する場合

　　直径 D（mm）に対する感度補正 H（dB）は次の式 1 で求めるか表 1 の値とする．

$$H = 12 - 0.02 \times D \quad (\text{小数点以下は切り上げる}) \cdots\cdots\cdots\cdots 式1$$

表 1　直径に対する感度補正量

直径（mm）	100 以上 200 未満	200 以上 300 未満	300 以上 400 未満	400 以上 500 未満	500
感度補正量	10 dB	8 dB	6 dB	4 dB	2 dB

(2) 1回反射法を適用する場合

　直径が板厚の 15 倍未満の場合は直射法の感度にさらに + 4 dB 高める．なお，直径が板厚の 15 倍以上の場合は直射法の感度と同一とする．

鋼構造建築溶接部の超音波探傷検査規準・同解説

1973 年 5 月 25 日	第 1 版第 1 刷
1979 年 8 月 20 日	第 2 版第 1 刷
1989 年 3 月 5 日	第 3 版第 1 刷
1996 年 10 月 30 日	第 4 版第 1 刷
2008 年 3 月 10 日	第 5 版第 1 刷
2018 年 12 月 15 日	第 6 版第 1 刷
2024 年 4 月 5 日	第 3 刷

編集
著作人　一般社団法人　日本建築学会

印刷所　三美印刷株式会社

発行所　一般社団法人　日本建築学会
　　　　108-8414 東京都港区芝 5－26－20
　　　　電　話・(03) 3 4 5 6 － 2 0 5 1
　　　　FAX ・(03) 3 4 5 6 － 2 0 5 8
　　　　http://www.aij.or.jp

発売所　丸善出版株式会社
　　　　101-0051 東京都千代田区神田神保町 2-17
　　　　　　　　　　　　　　　神田神保町ビル
　　　　電　話・(03) 3 5 1 2 － 3 2 5 6

©日本建築学会 2018

ISBN 978-4-8189-1083-6 C 3052